歴史文化ライブラリー

23

山の民俗誌

湯川洋司

吉川弘文館

わたしたちに遺っている最後の自然は、考えるという力と、人を愛さずにはいられない心です。近代文明の片隅で、いちばんかそかな声のメッセージはどこから発せられているか、それを聴き取る耳を育て、心の土を育てることをはじめなければと思うことです。

（石牟礼道子『葛のしとね』）

目次

山の民俗を問う

山の暮らしの現状をどう見るか

日本は山国か

いまの日本で、山に暮らすとはどういうことなのか、とよく考える。たとえば、まちから見れば、山の暮らしは不便だとか、辺鄙だとか、過疎地などといったマイナスの評価ばかりが下されるのではないか、と想像するからである。だが、山の暮らしがそんなふうに見えるとしたら、「それは違うんじゃないだろうか」という思いが私には強くある。

約三七万平方キロという日本の国土面積は、世界の陸地面積の〇・三%を占めるに過ぎないが、森林面積は約二五万平方キロで、世界の森林面積の〇・七%に及ぶ。すなわち森の国であり、国土の六一%を山地が占める山の国でもある。

図1　山の棚田の畔を塗る（山口県美祢市，1995年5月）

ＯＥＣＤ加盟国のうち国土面積に占める森林の割合が最も高いのはフィンランド（七六％）であり、第二位がスウェーデン（六八％）、日本は六七％でこれに次ぐ。四位が三九％のカナダとオーストリアであるから、上位三国の森林率の高さは群を抜いている。しかし日本の人口密度とＧＤＰをフィンランドやスウェーデンと比べてみると、日本の人口密度は一五～二〇倍、ＧＤＰはフィンランドの約三四倍、スウェーデンの約一五倍になる（『平成五年度林業白書』一九九四年）。

すなわち日本は高い生産力と高密度の人口を擁する一方で豊かな森林地帯を抱えるきわめて珍しい、また森林の半分以上に天然林が残されている稀有な国柄なのである。それゆえ、さまざまな山の民俗が育まれ、伝えられてきたのだが、今日それらは急速に失われつつある。

その理由は、現代日本社会が山や森の文化に関心を失ったからでもあるが、直接的には山や森の自然を相手に暮らそうとする人々の数が急激に減少しているからである。たとえば、山間農業地域（山地率八〇％以上で耕地率一〇％未満）は国土の約三六％を占めるが、そこに暮らす人々は全人口の約四％に過ぎない。

山の過疎化

山のむらと言えば過疎が代名詞のようになって久しいが、この言葉が耳慣れて、聞く者にありふれた響きしか与えなくなったのはいつの頃からであろうか。かつてジャーナリズや行政において社会病理現象の一つに数えられ、センセーショナルにこの言葉が言い交わされた時を思い返せば、いまの時代の落ち着きようはいったい何を物語っているのか、と考え込むときがある。

過疎地域対策緊急措置法という名の、いわゆる第一次過疎法ができたのは昭和四十五年（一九七〇）であった。一〇年間の時限立法を繰り返して、九〇年からは第三次過疎法の時代に入っている。法の名称が「過疎地域振興特別措置法」「過疎地域活性化特別措置法」と微妙に変わったのは時代の変化を映したものだろうが、目的を規定した第一条には「住民福祉の向上」と「地域格差の是正」が変わらず謳われている。ここに言う地域格差は、過疎地域と人口稠密《ちゆうみつ》ないわゆる都市地域との間に存在する格差をさしているから、法は山地や離島などの過疎地域の暮らしを都市地域の生活水準に近づけることを目的にしていた。つまりそこに、山地や離島の人々の暮らしを都市を目標にして改め、都市を頂点にした一つの物差しで日本列島全体の暮らしを測ろうとする志向が存在したことは明らかだが、高度成長がなお続いていた当時にあってはそれはごく自然な流れであったとも考えられる。

民俗学を志して福島県会津地方を歩き始めた頃、戦後間もないある山のむらでは幼児が赤い顔をして酔っぱらっていたという話を聞いた。それは乏しいおかずの代わりに酒粕をご飯に載せて食べさせていたためであったそうだが、食べ物が限られ、欲しい物は十分になく、また欲しい物を買えるだけの現金も乏しい、それが山の暮らしの現実であった、というのである。だから、高度成長の時代に入り、工業製品がまちに出まわり、山のむらにもやがてテレビや洗濯機・冷蔵庫などの家電製品を導入する気運が高まったときに、人々がそれまでの仕事を捨てて現金獲得の方向に走ったとしても、それはいわば当然の成り行きであったに違いない。

そこで思い起こされるのは、その頃NHKが放映していた「新日本紀行」というテレビ番組である。この番組は日本各地をこまやかに取材した映像を通して日本の社会や文化がもつ多様な姿を詩情豊かに、かつ鮮やかに伝えて人気があった。その一つで昭和四十四年（一九六九）二月に放送された「奥日向《ひゅうが》」を、最近見る機会があった。

零下四度という冬の朝早く、白い息を吐き手をこすり合わせながら長い道のりを連れ立って通学する子供たちの姿が映し出され、それに重ねて、日之影町のある女子中学生が卒

図2　日向の一山村（宮崎県椎葉村竹の枝尾．1982年10月）

業を迎えるに当り、小学校入学以来九年間無欠席で学校に通い続け、その距離がちょうど地球一周分に当り表彰されたというナレーションが入る。地球を一周するほど歩いた事実にはただ驚くが、このように賑やかな通学風景がこの山間地で繰り広げられていたことにも驚いた。いったいあの学童はいまどこでどう暮らしているのだろうか、と思わずにはいられなかった。

思えば、過疎化とはそうした生活上の大小さまざまな自己選択を重ねた末に姿を現わし始めたのだろうが、その根をさらに洗い出せば、山の人々が都市生活とは決定的に異なるはずの自らの暮らしの質に対する理解や認識を欠き、結果的に自信を失ったところに原因があったのではないか、と私には思える。

山の暮らしとまちの暮らし

たとえば、春になるとさまざまな草木の新芽がふいて山菜採りが始まるが、そうなれば山の各所に無断立入を禁ずる看板や札が眺められるに違いない。それらは山菜を採る権利を保証するためでもあるが、見つければ一つ残らず採り尽くしてしまいかねないまちの人の行動を恐れるからでもある。山の人であれば、来年のために必ず一部を残す作法を幼い頃から叩き込まれており、その心配はない。これを会津ではヤシナイオリなどと呼んだ（佐々木長生「Ⅲ民俗編第三章　生業・生

図３　山菜取りを禁ずる立札（福島県伊南村小塩．1974年７月）

図４　収穫したトウキビ（トウモロコシ）を干す
（愛媛県野村町惣川．1989年９月）

産」『湖底に沈む奥会津石伏の歴史と民俗』所収、一九八四年）。そうした自然に寄りそう姿勢を大切にするのが山の生き方であったが、その生き方の価値は十分に認められてきたとは言えない。もちろんそこに、日本社会をモノの豊かさを指標にした「生活水準」で一元化しようとする風潮が作用していたことは否定できないとしても、そのことが山を捨て去る人々を増やしたようにも思える。

歴史を振り返れば、山の暮らしは平地の暮らしとは基本的に異なっていた。まず食べ物が違った。山の主食（山の暮らしで主食という概念が成立するかどうかという問題もあるが、それはひとまずおく）が畑作による雑穀であったのに対し、平地は米に至上の価値を置いた。日本が稲作農耕文化の国だという議論はこの点で必ずしも正確ではない。また時間の流れが違った。一年三六五日で一巡する平地の時間単位は、それゆえ年＝稔（トシ）として認識できる性質を備えていたが、山の時間は一年で完結せずに数年を一周期として循環する時間単位となっている場合がある。山の農耕であり、年ごとに異なる作物を作付けする独特な輪作体系を形成しながら続けられてきた焼畑は、この時間観念に基づく。

山と平地（里）が異質であることはその環境の違いに基づき、次いでそれに応じて発達した生活上の技術や思考、観念の違いによって特徴づけられてきた。したがってその異質性は出来るべくして出来たものであったのだから、むしろ当然の姿であり、そこには優劣を測るものさしは一切存在しなかったと言ってよい。それが山と里との文化的異質性を基盤にした対立を産み、その対立があればこそ、日本の社会や文化は健全さを維持することが可能であったと言える。対立がバランスを保っていたと言ってよい。

そのバランスが崩れ、里が優位とされる時代が到来したのは、歴史を遡《さかのぼ》れば直接的には石高《こくだか》制が敷かれた近世以降ということになろうが、米を文化的な価値基準に置いたという点では古代にまで遡るとも言えよう。以来、米が食えること、米が取れることが優位となり、米を拒否した文化が劣位に置かれるようになった。だがそれは明らかに政治的につくられた価値基準であり、この点は忘れてはならない（坪井洋文『稲を選んだ日本人』一九八二年）。

六〇年代に始まる高度成長がよくも悪くも今の日本を作り出す大きな力となったことは間違いないが、それは言葉を換えれば物を大量に生み出し、より多くの金を稼ぎ出すシステムや行為、思考が優位を占めた時代でもあった。たとえば電力や多くの資源を注ぎこんで物を作る大量生産大量消費によって豊かさを得たと考えることが作法とされたのであったが、それは大量のゴミ生産過程に過ぎなかったとも言える。現実に他方で公害列島と言

図5　みどりの伝習所に集まった子供たち（1993年8月）

われる状況が生み出されたのは、そのことを示しているだろう。

そうした生き方が是認される時代にあって、金により購《あがな》う工業製品に乏しい山の暮らしがみすぼらしく見えたのは当然であった。そしてそれを機に山から里を目指す人々が増加したのも一面仕方のないことであった。

山の再評価の動き

しかしいま、過疎地であることを百も承知しながらも、山のむらの良さを評価しアピールしようとする人々が着実に増えているように見受けられる。たとえば、私とは一〇年近いつきあいになる、四国カルスト大野ヶ原高原の麓に広がる愛媛県東宇和郡野村町惣川《そうがわ》地区に生きる若者たちは、平成五年（一九九三）から毎夏、松山市をはじめとする県内外各地から集まってきた子供たちとともに、惣川の山や川を舞台に数日間を過し、自分たちの暮らしの良さを実感してほしいと願いつつ「みどりの伝習所」を開いている。平成七年の第三回目は四日間にわたり開催されたが、その模様は地元のケーブルテレビ局の手で密着取材され、一時間のビデオテープに編集された。それを見たら、子供たち以上に、各地から駆けつけたボランティアや地元の若者たちがいい顔をして映っている。インタヴューに応じた子供たちは、クワガタが取れるから自分の家よりここのがいいとか、いっぱい木があって違う国へ来たみたい、などと感想を述べている。

だが何よりも心に残ったのは、子供たちのホームステイを引き受けた人たちの声である。ある男性は感想を問われ、「すばらしい自然を感じて帰ってほしい。そして大きくなってどこに暮らしても、この経験を思い出してくれることがあるなら、都会は汚れないなと思う」と静かに語った。この言葉の、なんと自信に満ち、そして優しさに溢れていることか。惣川もまた大変な過疎地であり老齢化率も高いが、まちの人々と暮らしに向けられたこの言葉の質を、山と里の異質性を踏まえた交流を通じてさらに深め磨いていくことができれば、どんなにすばらしいだろうかと思う。

本書では、民俗学の立場から実施してきた私自身のフィールドワークを通じて得た見聞や、考えたことを述べていくが、まずはじめに、これまで民俗学は山の暮らしとどう向き合ってきたか、振り返っておきたい。それは、本書の位置付けを自分なりに確定することでもある。その後に、私の経験を通して山の暮らしの質を語ってみたい。

民俗学は山の暮らしをどのように描いてきたか

日本における民俗学の歩みを振り返る場合、柳田国男《やなぎたくにお》は避けて通れない大きな存在であるが、山の暮らしに関して語る場合も同様である。

柳田国男の視点

柳田は、日本において山の人々や暮らしにいち早く注目した数少ない人間であった。それは明治末期のことであり、柳田が農政学から民俗学へ転じようとしていた頃であった。当時の柳田には、日本の風景は二通りに見えていたに違いない。二つとは山と平地の二つであり、異なる人々と異なる文化が併存するという見方である。たとえば、明治四十一年（一九〇八）に熊本県五木村を訪れ、村の古い絵地図を見て畑と畠の違いを知った（『定本柳田国男集　別巻五』新装版、一九七一年）という。畑はコバすなわち焼畑であり、畠は

図6　熊本県五木村平野の秋景（1996年11月）

すなわち常畑をさす。焼畑の存在を意識した柳田は、翌年、「山民の生活」(『山岳』四巻三号、一九〇九年)において焼畑・切替畑の問題を取り上げ、日本民族の起源に絡めて山と平地の違いを指摘する。すなわち、米を作る平地(里)と焼畑を営む山地との対比であり、伝統や文化に異なりを見せる人間や風景が少なくとも二通りあることを見据えていたに違いない。

それは福田アジオも指摘するように(『柳田国男の民俗学』一九九二年)、初期柳田民俗学の研究対象とされた非常民の歴史や文化を追求する試みであった。だが柳田は、それを種族系譜論すなわち山の人々を先住民の子孫と見る仮説証明に向け、その結果、そこまで到達できずに放棄されたのは、広く知られているとおりである。

その経緯をもって、柳田は挫折したと見ることは可能だが、赤坂憲雄の言うように、柳田が放棄したものは「山人の今日における実在性の命題」であり、「山人=先住異族末裔説を捨ててはいない」とする見方のあることも指摘しておかねばならない。赤坂は山人から常民へと転換する柳田の思想の流れから捉えれば、そこには連続性と非連続性の両面を見ることができるのだと言う(『山の精神史』一九九一年)。

ところで、日本の古代から現在に至るまでに山地社会が辿った歴史を平地社会との関係から振り返ってみた場合、そこには四つの大きな転換点が指摘できるのではないだろうか。すなわち、第一に古代における国家形成期、第二に近世の石高制成立期、第三に明治政府による官有林（国有林）の創設期、そして第四に昭和の高度成長期である。

山地社会史の四区分

日本の古代国家の成立については邪馬台国《やまたいこく》をはじめ未解明の問題も残されているが、さまざまな種族が日本列島上に群居し独自の文化を誇っていた状況が、大和朝廷のもとに政治的に統合されたことは間違いないだろう。それが外からの呼称である「倭」の国から、独自な民族と文化の主体となる「日本」を創出する過程でもあったであろう（国分直一『日本文化の古層』一九九二年）。だが、旧来の諸種族のうち山地に勢力をはった種族は平地政権に服属しながらもなお独自の文化と立場とを保持し続けた。後世に名を残した国樔などはそうした人々であったと見られる。

だがここで注意すべきは、彼らは朝廷に服属するものの一方的に支配を受けるだけではなく、平地社会とは異なる文化をもつがゆえに平地政権と拮抗《きっこう》する力を持ちえたと見られることである（高取正男「古代の山民」『民間信仰史の研究』所収、一九八二年）。柳田国男が追究を試みた山人論の内実は、このような古代社会を念頭においたものと見られる。柳田はついにその実証を果たせずに終えるが、この課題は国家形成をめぐる問題と絡んでなお残されていると言えよう。

その一方で柳田は、古代において平地人が山岳勢力に対して加えた軍事・政治的攻勢と同様の動きを近世への過渡期のなかに見出していた。それが江戸時代初期に発生した椎葉《しいば》山・祖谷《いや》山・北山などの一揆に対して徳川政権の中枢が直接に指揮を執った軍事的制圧の事件であった。これらの事件から明らかになるのは、中世までにおいては山岳地帯には平地とは異なる文化が栄え、それゆえに平地社会と対抗しうる有力な社会が形成されてきたという事実である。

たとえば、古代から中世にかけて絶大な勢力を誇った山岳仏教などはその代表的事例であるが、さらには修験《しゅげん》・鉱山師・木地屋《きじや》・猟師をはじめ種々の山の資源を加工しながら平地社会に提供し続けた山地特有の仕事の数々が、そうした繁栄を支えていたのであった。それらが中世までの時代には持続していたのであり、山地社会と平地社会の勢力とは拮抗しつつ共存していたと言える。

ところが、第二期の石高制成立期になると様相が違ってくる。石高制はコメという単一

図7
木地屋の残した墓　菊花紋が入る
(島根県六日市町．1992年10月)

図8　谷に開かれた棚田 (山口県錦町後野．1996年5月)

の指標のもとに富の全てを換算する制度であるから、多様な自然に即して暮らしながら多様な価値基準を育んできた山地の生活は必然的にこれと対立・衝突することになったし、またコメの生産と無縁でもあったから一転してその価値を失いもした。さらに平地社会が山地社会の産物を必要としない時代に突入していた事情も重なり、山地の生活がもった意義は著しく低下せざるをえなかった。

生産力至上主義を基調とする石高制のもとでは、相対的に生産力の劣る山地社会は甚大な打撃を蒙り、歴史の表舞台から退場してしまったが、それでもなお自然環境に適応した生活様式を保持し続けてきた点では、第一期における暮らしの原則を踏襲していたと見られよう。

近代化と山地社会

次いで、日本が近代国家建設を目標に掲げた明治時代に入ってから山地社会を襲った第一の変化は、その有力な生産基盤であった林野に関する国家的規制が開始されたことである。明治六年（一八七三）に始まる地租改正に伴い官民有区分が進められた。これにより従来の村持山としての確証が得られなければ官有林に編入されることになり林野の国有化が進んだが、一方では官林になっても入会《いりあい》権は保証されていた。

ところが、明治三十二年（一八九九）に森林経営の確立を唱える旧国有林野法が制定されると施業の妨げになる入会権は制限され、国有林野特別経営事業が開始されるようになった。もちろん一方には民有林も存続していたが、たとえば山の七合目以上の伐採は自由とその特権を誇ってきたとされる木地屋の活動は大幅に制限を受ける事態となり、また炭を焼いて生計を維持してきた人々は国有林の払い下げ手続を要求されるようになった。

明治の時代を迎える以前からすでに貨幣経済・商品経済は山村地域にまで及び、種々の特有産物を商品化することにより平地世界と繋がりを維持してきた。そのことは明治時代に入っても基本的には変化しなかったと言ってよいだろうが、先に述べた木地屋のように、中央集権的な制度が行き届きそれらが徹底してくるにしたがい、山地資源の自由な利用は次第に窮屈にならざるをえなかった。

とは言え、この第三期においても多様な山地資源をさまざまに利用することを原則として山村生活が成立していたことを思えば、前の時期と共通する暮らしの特質を認めることが可能になるであろう。つまり、制度的には種々の規制が山村を襲い、生活内容の縮小を余儀なくされた部分があったとしても、山村に生きた人々の暮らしの基本は変わることがなかったわけである。

そして時代は昭和に入る。柳田国男邸で開かれていた木曜会のメンバーを中心に郷土生活研究所が急遽《きゅうきょ》組織され、柳田の指導により昭和九年（一九三四）から三年にわたり山村調査が実施された。この調査の対象になった山村は、上記のような国家的統制が浸透した時期の山村であったと見られる。そして山地の特徴ある仕事のうち「亡びた職業」も少なくなかったことが報告され、柳田がその多くは「奥まった農村に過ぎなかった」と総括した事実は動かない。畑作を軸にした山の文化の系統、ないしはそのかすかな残存を確かめることは十分にできなかった。それが時代のせいか、柳田の見込違いであったかは、大藤時彦が言うように（『日本民俗学史話』一九九〇年）不明だが、それは山村生活研究の視点にも変化を及ぼした。

すなわち、この時点でさきの柳田流の山人研究を軸にした山の民俗研究は姿を消し、それ以後は全国的視野から山村の類型化を図ることと、個別の山村の暮らしを民俗誌として把握する方向が顕著になった。その場合、類型化は素朴な山村史の再構成を、民俗誌の作成は消えかかる古風を記録に留めることが大きな目標とされ、以後踏襲されることとなった。

それは、第四期における山村生活の変化があまりに急であったことにも影響されていた。

すなわち、第四期にあたる高度成長期の変容は山村生活の根底まで揺るがしたのであり、その点できわだって異質である。根底まで揺るがしたとは、山村住民の流出により山村の存立そのものを揺るがす事態が生じたこと、またそれまで見ることのできた自然に基礎を置いた生活様式が破却されたことをさしている。これらが日本の今日の危機的状況を招来した要因と直接に結びついている。したがって、この第四期の変容を問うことはきわめて重要な現代的課題となるだろう。

では、その事態について民俗学はどう取り組んできたか、とくに過疎化や過疎問題との関係にしぼって振り返っておくことにしたい。

山村の過疎化と民俗学

民俗学における山村研究の進展とは裏腹に、現実の山村は大きく変貌を遂げていった。山村の語がもともと昭和初期の恐慌期に疲弊した山間地村落を表現することばとしてジャーナリズムの世界から生まれたと言われているように（藤田佳久『日本の山村』一九八一年）、従来の生活は経済的困窮を伴いながら変貌し、さらには崩壊を余儀なくされてきた。その極点は昭和三十年代後半から始まる日本の高度経済成長とともに著しく進行した過疎化現象にあった、と言ってよい。そして過疎化はやがて大都市を中心とする過密化と表裏一体をなすわが国の社会問題となった。

過疎化の進行あるいは過疎社会の到来という現実が社会問題化してきた当時、民俗学の対応は鈍かった。だが、それは必ずしも民俗学だけのことではなかった。この時期に積極的に発言をしていたのは主としてマスコミであり、総じて学問の世界は現実の急激な進行を前に考えあぐねているような状態にあった。民俗学では、その資料を過疎化が現実に進行しつつあった地方農山漁村に多く求めてきたのであったから、過疎化の現象が出現したとしても、それは民俗学の資料収集の場が失われるといった資料論的レベルで問題になることはあっても、過疎化現象自体を民俗学の研究対象と見るところまでは認識が到達していなかったと言ってよいかもしれない。それは過疎化現象が現われる以前に、桜田勝徳が民俗の変貌という主として生活の近代化の進行との関連から、方法論の問題として発言した文章（「現代における民俗変貌への対処の立場から」『日本民俗学大系　第二巻』所収、一九五八年、「近代化と民俗学」『日本民俗学講座　第五巻』所収、一九七六年）などがむしろ積極的な部類に属していたことからも明らかであろう。

下って昭和四十七年（一九七二）に、過疎と銘打った文章として、福島県下の阿《あ》武《ぶ》隈《くま》山地と会津の過疎村の民俗を綴った、山口弥一郎著『過疎村農民の原像』が現われる。これは過疎化の進むむらの民俗を叙述したにとどまる内容ではあったが、「過疎」を民俗と絡めて意識していた点で、山口は一歩先を歩いていたと言えるだろう。それは山口が地理学の研究者でもあったことが関与していたかもしれない。しかし山口が後に、この著書のねらいについて、都市の陰画としての過疎村の民俗から「日本人の固有の生活とその心」を探り当て当時の日本の繁栄の実態と将来を見極めるところにおいた、と述べているように、過疎の現実に対して民俗学が正面から向き合う必要を説くまでには及んでいなかった（「過疎村民俗資料の採集と保存」『会津の民俗』三号、一九七三年）。また山口が指導的立場にあった会津民俗研究会も、昭和四十年代中頃に標題に「過疎」と銘打った民俗調査報告書（『南会津只見町過疎部落の民俗』一九七一年）を刊行しているが、これも珍しいことで注意される。

その後、過疎をきびしい社会問題視する風潮も次第に下火になってきた頃、高桑守史が民俗の変貌の観点から過疎化を論じた（「過疎と民俗の変貌」『日本民俗学概論』所収、一九八三年）。ここでは過疎化の一方に都市化をおいているところからも、日本社会の急激な変動、とくに地域社会に及ぼした影響の大きさを述べ、それが民俗変容の大きな因子として作用したことを説くところに力点が置かれていた。その意味では桜田勝徳の論旨の延長上にあったとも言えるが、しかし過疎化を民俗と関連して論じた点では稀有な文章となった。

それより早く、文化人類学者の米山俊直は『過疎社会』（一九六九年）を著して過疎現象の分析と過疎化に対する提言を試みた。その姿勢は、過疎化が進む状況のなかでの発言として評価される。米山の基本的な問題意識は、過疎を日本の現代における文化変化の問題として把握するところにあり、これを応用人類学の一課題と位置付けて学問的な俎上《そじょう》に載せた点で功績があった。

『過疎社会』においては奈良県の大塔村が対象地として検討され、過疎化を促した要因の一つとして山村の人々のもつ都市民的パーソナリティが指摘されていた点が注目される。すなわち、山村民のパーソナリティは平野の水田農耕民とは異なってむしろ都市生活者のそれに近く、都市的生活への適応が早かったことが人々の流出を容易にしたのではないか、という仮説を米山は提示した。そして、過疎社会への提言を四点にわたって行い、過疎社会の対極にあるのは適疎社会であろうとしたが、その具体的な姿についてはとくに示されなかった。

現実をとらえる民俗学へ

ところで坪井洋文は、これまで民俗研究の目的で調査された地域の多くが過疎地域に含まれていた事実を踏まえて、過疎は「日本民俗学の目的からすれば決して避けてよい現象ではなかったし、過疎を民俗学の問題として取り組んでいたら、今日の民俗学のありようはまた変っていたと考える」と反省のことばを残している（「故郷の精神誌」『日本民俗文化大系　第一二巻　現代と民俗』所収、一九八六年）。坪井の発言は、現代の日本社会における故郷認識のあり方を問いかけた論文のなかでなされたものであるが、めざましい経済発展と同時に社会や文化の均質化は日本の隅々にまで及び、日本全体がいわゆる故郷喪失者になりつつある今日、過疎地域に関する研究は、重い新たな意味をも帯びながら民俗学の課題として出現しつつあると言えよう。だが、現在もなお民俗学においては過疎化を正面から取り上げる研究はあまり見られない。そのような研究状況のなかで、松崎憲三が「むらおこし」などと関連させながら、地域社会形成論を論ずる立場から発言している（『現代社会と民俗』一九九一年）。たとえば、吉野山中の奈良県上北山村西原における集落移転とそれに伴う地域社会の再編成を取り扱った文章では、過疎化を促した要因と住民の行動を分析して、とくに道路敷設を契機として分散型居住からあらたに群居性居住を住民が選択して集落再編がなされたことを指摘している。松崎が言うように、集落の再編が過疎対策として有効となるならば、この群居性志向の指摘は、過疎化の現実に対する民俗学的な作業により導き出された一つの解答ともなるだろう。とすれば、松崎の姿勢は現実的志向に支えられていると言ってよいだろうが、そうした傾向は、民俗学よりも地理学分野の研究に顕著である。

なかでも文化地理学者の松山利夫の研究視点は参考になると思われる（『山村の文化地理学的研究』一九八六年）。松山は研究対象とする山村を近・現代の山村に限定し、「今日の山村の住民」を除外する。その態度は、地理学の一般的な研究とは異なり、今日の山村地域を考慮しない歴史的研究に偏っているように見える。しかし松山は、現在の山村が歴史的に一つの曲り角にあること、すなわち「もう一つ別の方向への脱皮を余儀なくされている」と認識し、「そうした状況にたちいたった」原因を山村が文化的伝統を急速にぬぐいさったところに求めて、「近・現代の山地住民の経済生活を問い直そうとする」ことを研究課題に掲げている。したがって、問題意識としてはきわめて現実的発想に支えられた山村性の追究を意図していると理解されるのであり、その課題と方法は民俗学ときわめて近い位置にあると言えるだろう。

過疎問題は必ずしも山村に固有な問題ではないが、山のむらの今後を考え、もって山と里の良好な未来図を描こうと思えば、過疎の現実をどう捉え、どう考え、どう対処してゆくか、いっそうの努力が求められることは間違いがない。それは民俗学にとっても変わりない。

民俗誌の可能性

民俗誌と民俗調査

民俗誌をつくるのは魅力的な仕事に見える。本来複合的な存在であるはずの民俗を、一つひとつバラバラに取り上げることに空しさを感ずるということもその理由の一つだが、それよりも人々の暮らしを自分なりにどう読み取るかという関心に今の私は強く惹かれる。それは当然、暮らしのいまをどう見るかという現在の関心と結び合うからでもある。だが言うはやすく、なかなか思うようにはいかないというのが真実のところである。

ところで、民俗誌とは民俗を記したものであるから、その資料を得るための民俗調査は民俗誌を記述するうえで不可欠の行為であると考えられてきた。いまでもそのことに異論を挟む余地はないように思えるが、本当にそうなのだろうかという思いが、このごろ私のうちで頭をもたげている。

具体的事実を知らなければ民俗誌など書けるはずがないのだから、民俗を知ることはその前提として当然のことがらと認めつつも、民俗調査というように呼ばれる「調査」「調べる」という行為について居心地の悪さを感じるようになった、と言ったほうがいまの私の気持ちに近いかもしれない。

私は昭和四十八年（一九七三）夏に初めて会津へ行き、それから数年の間、夏と春に休まず会津の山のむらを訪ねてみた。そしてそこに暮らしてきた年寄りたちを訪ねて、生活上のこまごまとしたことがらや、自らの一生についての感懐などを聞かせてもらうという経験をもった。その後は九州や四国の山のむらを訪ねる機会がふえ、会津のことは気になりながらも足を運ぶ機会をつくらずにきた。ところが、そのときに聞いたことがらを項目別に整理したカードを数年前のある機会に見返したときから、私はいったい何をしてきたのであろうか、と問う声を意識するようになったのである。

カードに記載された内容は、年若い私が聞き取ったものだから生硬で中途半端であるのは仕方ないとしても、それでもどこか心を打つ、あるいは心をかき乱す素朴な力強さを秘めているようで、読むうちに胸が高鳴るような気分にさせられたのである。それはなぜか、としばらく考え続けてみて、どうやらそれは私に語ってきかせてくれた年寄りたちの暮らしの体験そのものが放つ強さによるのではないか、と思うようになった。

民俗誌と生活誌

たとえば、宮本常一の『土佐源氏』は数多い宮本の著作のなかでもとりわけ著名な一篇であるが、これは一個のライフヒストリーと言うべき物語である。この話ははじめ「年寄りたち」と題して『民話』に連載されたものの一つであった。その主人公は馬喰《ばくろう》として生きてきた人物で、当時すでに八十歳を超えていた。宮本はこの人が視力を失ってから三〇年にわたり妻と二人で住みついている高知県檮原の橋の下で話を聞いたという（この老人からの聞書きの細部には事実と異なる箇所のあることが最近明らかにされたが〈佐野眞一『旅する巨人』一九九六年〉、そのことによりことの本質が失われることはないと思う）。

父親も母親の顔も知らず爺さんの手で育てられ、爺さんが亡くなってからは馬喰として親方につき、やがてその跡をうけて独り立ちするが、その後に辿った人生の足取りが二人の身分違いの奥さんとの関係を中心に語られる。

その語りの中で注意されるのは、馬喰が農民とは異なる位置にあるものと見なされていることである。たとえば村の若い衆には入れてもらえず娘のところへよばいに行けないから、後家のところへ行くのだというような述懐がはさまれている。

それは馬喰が通常のむら秩序から逸脱した存在であるということであり、この話は一見すれば日常生活の枠からはみ出している世界を描いているようでもあるのだが、その実、きわめて卑近な出来事を描いているし、また日常というものをもっとも直接に語っているといえる。つまり、むらの外部で生きねばならなくなった主人公の目と、彼の愛した女性たちの境遇を通して、むらとはなにか、そしてそこで生きられた人生とはいかなるものかが語られる。それが読む者に感銘を与えもするが、同時にむらの協同性が孕《はら》むぬくもりと残酷さとをあぶり出して胸を抉《えぐ》りさえする。

だがそれは、民俗学のレベルで言えば、オーソドックスな民俗誌の記述からは排除されがちなことがらである。それが排除されずに日の目をみることができたのは、民話という枠組みに救われたからではないかと思う。そこに民話がもつ表現力の豊かな可能性が示されているともいえる。

この『土佐源氏』について、民俗学者の武田正は、いまは乞食の主人公がかつては馬喰をし村を歩いた姿を想像しながら、「大きな日本の歴史といったものではないが、一人ひとりの生活誌の中から、ムラの民俗と調整をとりながら自分の生活を何とか保持していこうとする人たちをすくい上げて、聞きとらねばならないとしている宮本の姿は見事というほかはない」(「土佐源氏を読む」『昔話の伝承世界』所収、一九九六年)と評価し、民俗誌にあきたらず生活誌まで踏み込まねばならないと考える宮本常一の目指した民俗学の性格を摘出しつつ、日本民俗学の現状が抱える病理に迫る態度を鮮明にしている。よく分かる主張である。

宮本常一はよく旅をし、よく物を見た人物であったと言われるが、彼の残した膨大な著作を見れば、それはうなずかれる。「宮本が決して民俗学の旅だけをつづけたのではないことは明らか」と竹田旦は述べ、宮本が見たものは民俗という言葉ではくくり切れず、もっと幅広かったことを示唆している(「宮本民俗学における〝旅〟」『未来』一七九号、一九八一年)。離島振興協議会で宮本と苦労を共にしたという竹田が指摘する宮本像は、確かにそのとおりであろう。宮本は旅先で身分を問われると百姓だと答えたという。それは『土佐源氏』の冒頭にも描かれているとおりだが、嘘ではなしに宮本は終生そうした自覚を保ち続けていたのだろう。故郷の周防大島に戻ったときには百姓仕事を続け、旅にあれば農業指導を施すような行動にもそれは現われている。だから、宮本が民俗誌ではなく生活誌を求めようとしたのは自然のことであったろうし、柳田流の民俗学に対する違和感が抱かれたのも当然であっただろう（『宮本常一著作集　第一巻　民俗学への道』一九六八年）。古家信平が、宮本常一の民俗学の志向を和歌森太郎の言う民俗史学と対比的に民俗誌学として位置づけるのも（『火と水の民俗文化誌』一九九四年）、同じことを指摘したものと思われる。

民俗誌と民俗学

すなわち、民俗誌の描きかたは書き手の考えにより違いが生じるのだろうが、これまでの山の民俗誌をいくつか読んで心にひびくのは、やはり暮らしの匂いを放つ作品である。暮らしの匂いとは、日々の行動を規制するあるいは決定する要素や、生活上の作用がはっきりと読み取れるもの、そしてそこに生きる人の心根が偲ばれるものと言えばよいだろうか。記述する者のうちに、社会科学的な合理性で暮らしの仕組みを読み取る用意と、そこに生きる人々に文学の心で接近する姿勢・態度があるか否かに帰せられていくのではないか、と思う。それを仮に科学としての民俗学の方法として獲得しようとすれば、はたして可能かどうか疑問が残る。なぜならそれは一種の個人芸の領域にわたることがらになってしまうかもしれないと恐れるからである。もしそうなるとすれば、それは民俗学という学問自体を根底から脅かすことにもなる。

しかし今日問われている民俗学の危機的状況とは、そうした科学になり切ろうとした努力の傍らに寄り添いつつ姿を現わしたと言う声もある（谷川健一ほか、近畿大学民俗学研究所『民俗文化』八号「鼎談」一九九六年）。だとすれば、今後どうあれば良いのか、悩みは尽きない。しかし、学の存立にきゅうきゅうとすることよりも、人々の暮らしをよく見て、それを的確に読み取ること、すなわち課題の設定こそが大切であろうから、その課題を追求する作業が既存の民俗学とは相容れないのだとしたら、それは民俗学が人々の暮らしに分け入る力を失ったというに過ぎない。したがってそのとき民俗学が解消されればそれでよい、それだけのことなのだと考えるほかはないだろうと思う。やはり個人の思いを出発点にしつつ、そこから模索する道が保証され、第二の『土佐源氏』の出現を歓迎するのが、自然な考え方であろうと思う。

さきに述べた、何をしてきたのかという私の苦い思いと重ねて言えば、年寄りたちの口から語られた言葉によりながら、その言葉の背景や底に潜んでいるものをすくい取ることが、すなわち民俗誌を書くことにほかならないと思うようになったということである。それは「調べる」とか、「調査」とかいうような言葉とは大きく隔たったところに位置する行為ではないか、と思う。

だからと言って、いますぐにそのような民俗誌が書けると言うほどの自信は毛頭ないし、そんなことばを口にする気にも到底なれない。ただ本書の一部に、私が訪ねて話を聞かせてもらった年寄りたちの思いや考えが伝えられるような言葉のいくつかでも並べられれば幸いだ、と思うばかりである。そのうちすでに冥土に旅立たれてしまった方々も少なくないが、その年寄りたちの言葉が、いまを生きる私たちへ何かを伝えてくれることを祈りつつ、その暮らしの言葉を綴ることから始めてみたい。

山に生きて

四季の暮らし

地方の村落を訪ねて歩き、年寄りと出会って話を聞けば、忘れがたい言葉や思い出が胸に刻まれることが少なくない。そんな思い出に残る人物や言葉、出会いについて、まずは語ってみたい。

布沢へ

はじめて会津を訪れた年は、思い返せば暑い夏であった。雨のない日がいく日も続き、顔を合わせれば誰もがそれを挨拶代わりに口にするというふうであった。地元の新聞紙面には、各地で雨乞いの祭りが復活したという記事のほか、「丑年は日照りになる」「白虹（朝虹ともいう）が出ると日照りになる」「七年周期で日照りが来る」などといった民間伝承までが紹介されていた。

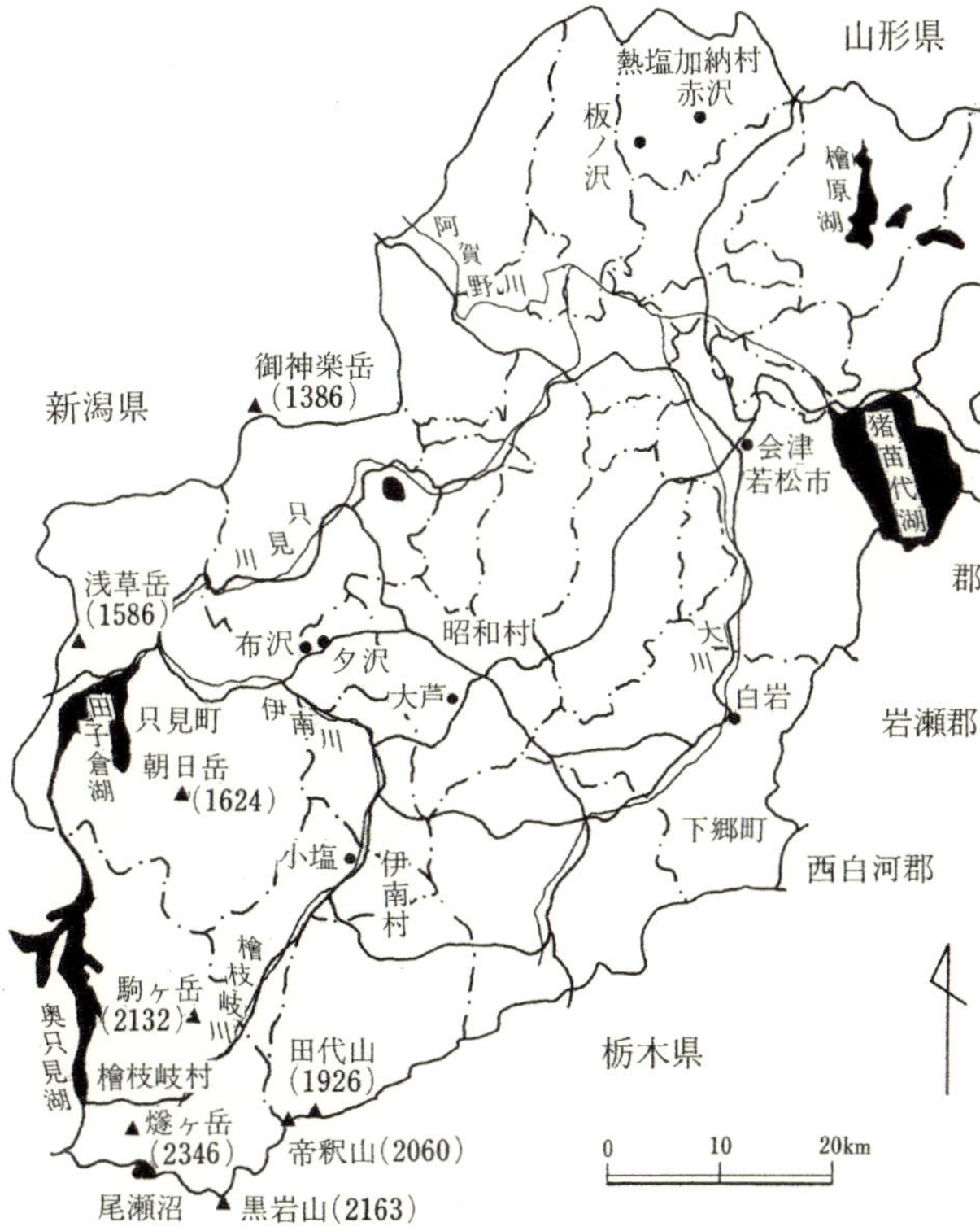
山形県
熱塩加納村
赤沢
板ノ沢
檜原湖
福島市
二本松市
阿賀野川
御神楽岳
(1386)
新潟県
会津若松市
猪苗代湖
只見川
郡山市
浅草岳
(1586)
布沢
夕沢
昭和村
大川
大芦
白岩
田子倉湖
只見町
伊南川
岩瀬郡
朝日岳
(1624)
下郷町
小塩
伊南村
西白河郡
檜枝岐川
駒ヶ岳
(2132)
奥只見湖
田代山
(1926)
栃木県
檜枝岐村
燧ヶ岳
(2346)
帝釈山(2060)
0
10
20km
尾瀬沼
黒岩山(2163)

図9　会　津　地　方　略　図

そんな炎天の下を、私は旧式の重いリュックを背にして歩いていた。昭和四十八年（一九七三）のことで、二十歳の大学生であった私には初の単独行でもあった。そのため緊張もしたが、楽しい毎日でもあった。南会津郡伊南《いな》村小塩に二週間ほど滞在し、その足で同郡只見町布沢《ただみまちふざわ》にやって来たのは、八月七日であった。やはり太陽の照りつける暑い日で、伊南川に沿って走る国道二八九号線沿いの小林という集落でバスを下り、停留所の少し先を北に折れ、そこから沢（布沢川）に沿った長い上り道を汗に濡れながら歩いた。

その道歩きも面白かった。初盆を迎えたことを示す高灯籠の立つ家があり、北関東との類似を思いながら写真に撮る。疲れると道端の石に腰を下ろして汗を拭う。そうして歩きながら、ようやく午後二時少し前に布沢の入口に到達した。

緩やかにカーブする道をたどると、焼けつくような日差しを浴びて、一群の人々が道の草を刈っているのに出会った。私の姿が奇異だったのか、すぐ目にとまったらしく、一人の婦人が頭の手拭いを取りながらにこやかに声をかけてくれた。この人がこれから布沢で世話になる予定にしていた山内さんの奥さんだった。あとで分かったことだが、奥さんは小学校の分校で給食の調理師をされていた。

山内さんの家に着くと、長男で小学校五年生の欣也くんが「母はフシン（普請）に行っ

図10　福島県只見町夕沢の家々（1973年8月）

図11　盆の高灯籠
（福島県只見町布沢，1973年8月）

てる」と言いながら、家の中に通してくれた。普請とは皆でするむらの仕事である。盆を控えての道作りが今日の普請仕事であった。

山内家は主人の徳一さん夫婦に欣也くんと弟の道也くん、それに徳一さんの母親の五人家族で、徳一さんは保険会社に勤め、昼間は家にいない。だから、今日のような普請仕事も稲作りも奥さんが中心に担っていた。

これはこの家だけでなく、どこでも似たようなものだった。いつもむらの中は暑い日差しを受けて暑気がうねりをあげてぐるぐる旋回し、その中でひまわりの花が暑さに負けずにスックと立っている姿だけが、このむらが活きて存在することを示しているような静けさに支配されていた。あるとき、むら近くで山火事が起き、野次馬よろしく私も駆けつけたが、鍬を持って真っ先に駆けつけてきたのはかあちゃんたちであった。しかもその消化活動は手際がよく、何とも頼もしかった。

山の盆

こんな山里も、十三日頃になると盆の帰省の人たちでにぎやかになって来る。いつもの何倍にもふくれ上がった人々でむらは活気にあふれている。十三日は宵盆といわれ、盆棚を作り、団子とうどんとそうめんを上げ申す。これらを一語で「ダンメンソー」と呼ぶのだと教えてくれたのは、山内さんの家近くに住む菅家武さん

図12　墓石前でマツアカシをたく（福島県只見町布沢．1973年８月）

である。そのほかに、菓子・果物・花など、どこでもよく見られる供え物が並んでいる。

じつは盆は七日の墓掃除から始まっており、加えて新盆の家では三年続けて、若い杉木を伐ってこの日に高灯籠を立てる。これは八月晦日《みそか》まで立て続けるが、その家にはそうめん・線香・茶などを持って、むらのどの家も新盆見舞いに出かけるのが習慣になっている。

十四日は仏迎えで、私も山内さん一家にお供をして夕刻六時頃に墓に出かけた。徳一さんも欣也くんも道也くんも、この日のために買っておいた新しい下駄をおろした。徳一さんは私にも新しい下駄を用意しておいてくれ、履くようにと勧めて下さった。

その思いやりが嬉しくありがたかったが、あるいは盆には新しい物を身につける習慣なのかとも思われた。いずれにせよ、これで私も山内家の仏を迎える資格ができたような改まった気分になった。

墓地に着くと、墓石の前でマツアカシをたく。これはこのために用意しておいた松根で、二、三日前から箕に入れて干す光景がむらのあちこちで目についた。火のついたマツアカシを一つひとつ墓石の前に置き、墓石に茶をかけ、線香を捧げ、さらに水をかける。墓前には花・トウモロコシ・枝豆・トマトなどの季節の作物が供えられ、静かに手を合せる姿が墓地一面に広がる。どの家からも一家総出の墓参りが続き、互いに礼を交わしたり、子供たちは子供たちで名前を呼び合ったりと、にぎやかな声が夕暮れ近い墓所にひびく。こんなににぎやかならば、仏も冥界から急ぎやって来たくなるだろうと思えてくる。

墓から戻る途中の道脇ではオガラ（麻殻）をたいている。これはヒャクハッテイ（百八体）といい、新盆の家が三〇センチほどの長さにオガラを一〇八本切り揃え、これを束ねたものを燃すのである。この煙で腹をあぶると腹病みしないと言われている。

かつては十五・十六日と盆踊りが行われた。その昔、盆踊りの夜は若い男女交歓の数少ない機会の一つになっており、よそのむらからも訪ねて来る若者が多く見られ、喧嘩も絶えなかったというが、もうその踊りは止んだという話だった。

盆踊りの話は、区長を務めていた山内匡平さんから聞いた。大正七年（一九一八）生れという山内さんがそうした盆踊りの体験者であったのかどうかは知らないが、しばらく話を交わした男女が、やがて踊り場周囲の林に姿を消すことがあったとも教えてくれた。また、若者の間には後輩を従えて草履持ちをさせ、たくみに家の中に入り込んで娘を訪ねるヨバイの習慣もあったそうだが、家の者に見つかることは恥とされていた。しかし、なかには知ってはいても黙っている親もあり、こうして伴侶を求めた例もあったのだが、そのヨバイも当時すでに昔語りになっていた。

夏と冬

会津は冬と夏とでその表情を大きく変える。冬は寒気がきびしく、加えて豪雪が襲う。夏は四方を高山がめぐる盆地のためか、暑気が強い。当初は、夏と冬が見せる表情の落差の大きさに戸惑いもしたが、いずれもきびしい気候である点は変わらない。そのきびしさが会津の風土を決定してきたようにも思えるし、当地に来住した人が経験するという会津の三泣きと呼ばれる情の剛直さもそれと無縁ではないだろう。

夏と冬の二季の暮らしの対照は、昭和八年（一九三三）発行の田中喜多美著『山村民俗誌』においても指摘されていた。これは柳田国男を中心とした郷土生活研究所による、い

図13　家の前に積み上げた薪（只見町布沢．1973年8月）

図14
ブルドーザーが除雪した道路
（只見町布沢．1974年3月）

わゆる山村調査よりも早い時期の作品で、柳田自身愛読し、人にもよく紹介したと自らその序文に記している。そのように心を惹かれた理由について柳田は、「一つには著者が実験という以上に、自身此事実の中に生れ且つ活きた人であること、それが民間伝承学の黎明に目覚めて、始めて自ら識ろうとした内容の記録だ」ということをあげている。自らの暮らしを記録することの意義を自覚した人の手になるということ、これがこの書物の魅力だという。

では、その著者自身は、自らの山村の暮らしをどう読み取ったのであろうか。これは著者の生まれ育った岩手県雫石村（現・雫石町）における山の生活を綴ったものだが、その冒頭で「私達山村農民の生活は、一半は山に交渉を有つ生活であり、一半は里の生活であると。即ち山村農民の生活は二大分野に分けて考えられる」と生活感覚に基づきながら述べていることが注目される。その二大分野とは山と里にとどまらず、寒季の生活／暖季の生活、男の分野／女の分野、にも区分できるとも言うが、本書はその多様な暮らしのうち男の活躍する雪上の山生活を中心に記したに過ぎないと述べ、山村の暮らしが多様性に富むことを暗に示唆して興味深い。

この二大分野という指摘は、そのまま会津の山村生活にもあてはまる。当然そこには、夏と冬とで大きく異なる気候に応じて生活形態を築き上げてきた工夫や知恵が凝らされている。この点は、当地方の暮らしを理解するうえで心得ておくべきことがらの一つになると思われる。

餅を食え

おそらくはこれとかかわるのだろうが、伊南村小塩の馬場哲夫家を訪ねたときにこんな経験をした。この家は古い民家の型を留めており、その後、猪苗代湖畔の会津民俗館に移築され一般に公開されているが、昭和五十年（一九七五）三月に福島県指定重要文化財になり、さらに国の文化財指定も受けた家である。もっとも移築する際に、建築当初の形に復元したので、私が知っているイロリのあった板間は土間に変わっている（『旧馬場家住宅調査・移築復元工事報告書』一九七四年）。

そのときのことでいまでもよく覚えているのは、夕方になりそろそろ宿の世話になっている同じ集落内の家に戻ろうと思うのだが、イロリで餅を焼き出してこれを食えと勧めてくれる。腹もすいてきたので食べてもよいが、宿に戻れば夕食が待っていて、それも腹に収めなければ宿の家人も気分が悪いだろうと考えて、それを断る。しかしどうでも食っていけと迫られ、いくつか食べて戻ってから苦しい思いをしたことがあった。まるで日光輪《りん》王《のう》寺《じ》の強飯《ごうはん》式のようだったが、それが客に対する会津の作法であったことは、今野円輔著

図15　旧馬場家住宅（伊南村小塩，1973年８月）

『檜枝岐《ひのえまた》民俗誌』（『日本民俗誌大系　第九巻　東北』所収、一九七四年）にも出てくる。今野は、訪ねた家の若嫁さんが挨拶が済むや否や飯鍋を炉にかけて時ならぬ食事の用意に取りかかり、弁当を持ってきているからと固辞しても、「何もないが、飯ぐらいは食べてもらわなくては」と受け付けてもらえなかった、と記している。

万一、行倒れにでもなったらという心配がこの習慣の底にあるらしい、と教えてくれたのは、当時奥会津の行き来には必ず立ち寄り会津の民俗について話を交わすのを楽しみにしていた佐々木長生氏（現・福島県立博物館勤務）である。それほどに会津では外歩きがきびしさを伴っていたということであろう。とくに、冬は身も隠すほどの大雪の中を歩まねばならぬのだから格別である。

昭和四十九年の春浅い頃、再び布沢を訪ねたが、夏には汗を拭いあえぐように歩いた道が雪で真白に覆われ、あちこちに立つ「雪崩注意」と書かれた立看板を横目に見ながら身を丸めて先を急ぐという変わりようであった。だが、その変わりようは私ひとりだけのことではなかった。冬は人々の行動を抑制するが、それはなにも家の外に限ったわけではない。

昨夏初めて出会い毎日のように通って年中行事や山の仕事などの話を聞いた菅家武さんは、只見町への合併以前に村会議員を務めたことがあり、その話しぶりは要領を得て明晰で、それでいてぬくもりがあった。今回も早速訪れてみると、家は雪の中に一段低く沈んでしまったようにしてあり、そこから雪の階段を下がって戸口を入ると、雪に慣れた目にはしばし暗闇に放り出されたようであった。そんな家のユルリ（囲炉裏）のヨコザに菅家さんはぽつねんとあぐらをかき、所在なげにタバコをくゆらせていた。これが会津の冬だな、と強く印象に残った。快活に笑い、腰を伸ばしてカメラに収まった夏の姿とは別人のような菅家さんがそこにいた。

同じような印象は、大沼郡昭和村大芦を訪ねたときにも受けた。大芦に出かけたのは昭和五十一年（一九七六）七月がはじめで、新聞記者をしていたという五十嵐利吉氏に出会い、さまざまな行事や仕事について話を伺った。それから間もなく、五十嵐氏は話し忘れたことがあると、長文のていねいな手紙をわざわざ送って下さった。そこには、大芦の人々が春の訪れをどのように迎えるか、その行事が記されていた。

野びき

その一つが野びきである。これは四月の酉の日の午後、隣近所の人たちが誘い合って酒や肴を持ちより、雪の消えた日当りの良い場所に集まって、一献傾けながら長い冬から解放された喜びを語り合うものであり、仮に一の酉の日が雨だったり雪が消えていなければ二の酉か、三の酉にする楽しい昔ながらの行事だったという。五十嵐氏は、「雪の深い当地は四月中旬以降にならねば雪は消え始めない。あちらこちら雪が消え、黒い大地が顔を出すと〝春だなぁ〟という感を深くする」と書き添えられていた。

あたかも体全身で春を受け止めるような印象を受けるが、それも家に閉じ込められたような冬の日々をくぐりぬけたあとだからではなかっただろうか。

その春を待つ気持ちは、つばくら祝いにも認められる。つばくらとはツバメのことで、

図16　福島県昭和村大芦の集落（1976年7月）

図17
五木村の墓地の霊屋　鳥型がつく（1994年8月）

吉兆の鳥とされている。だから、この鳥が四月上旬頃に飛来し、家に入り込むと今年もツバクラが来てくれたので平和安泰であるとして、隣近所の人たちを呼び、この日のために残しておいた正月の餅を出してお祝いをしたものである。しかし、これは戦後はすたれたとも五十嵐氏は書いている。ツバクラがやって来た家では、家の中に巣をつくらせ、ひなを育て無事に巣立つように心を配る。ツバクラは春と夏の年二回営巣し、そうしてひなを育てて秋彼岸前に親子ともども南へ飛び去るという。

大芦ではツバクラが家に来ないと何か不吉のしるしと見て大変気にする人が多い、と五十嵐氏は記しているが、つばくら祝いのようなささやかな行事が姿を消してゆくのは淋しいことです、とも手紙には書かれてあった。

いずれも、折口信夫が言うような、春＝晴る、という感覚が実感として伝わるような行事であるが、ツバメを吉鳥と見るのは会津だけに限らない。その翌々年の春に訪ねた西中国山地のあるむらで出会った老女が、春の彼岸の中日にやって来るツバメは仏のお鳥で来ればば家の運勢がよいのだと語るのを聞いて、その一致に深い理由があることを予想した。大芦近くの両原という集落ではツバメを不吉の鳥としているとも五十嵐氏は書いていたが、恐らく吉と不吉の根は一つで繋がっているものかと思う。魂を運ぶ鳥のイメージと言ってよいだろう。後年、九州山地の五木村で墓の上に載せる霊屋《たまや》の上にツバメとおぼしき鳥型が付けられているのを発見して、ここにも同様の鳥のイメージがあることを悟った。

熊狩り　ツバメを呼ぶ春の訪れは山の生き物たちをも目覚めさせる。復活した木々の活力が根雪を融かし、やがて若芽を吹き出させるように、長い眠りから覚めたクマを求めて猟師たちが山に入るのも、この頃からである。大芦で出会った五十嵐忠吉さん（明治四十一年生）は熊猟の経験を重ねた人物で、その狩りの話は理屈抜きに迫力があった。

忠吉さんが初めてクマ狩りに出かけたのは、十四歳の年の旧暦三月一日頃であったと言う。山から戻ったむら人がクマの出ている形跡を見つけたと知らせると、直ちに四〇人ほどの狩りの部隊が作られ、忠吉さんは父親に連れられて山に入った。

このときは、クマをヤス（穴）の中に誘い込んで仕留めるという戦法が取られた。二、三人が鉄砲をうち、皆でヤスへと追い上げ、伐った木の元の方を穴の中に入れる。そうすると穴の中のクマは引っ張るだけで押すことをしないから、穴の出入口が木で塞がれてしまう。つまり、引くことしかしないクマの習性を利用してクマがヤスから逃げないようにするわけである。そして人は入口の脇から雪をかき除き、ヤスへと掘り進めた横穴から中を窺うのである。こうして三人の偵察隊が送り込まれた。

一人は木の先にシラカバの皮をつけたアカシ（明し）を掲げ、二人は鉄砲を持っていた。このアカシは周り全体が明るくなるので懐中電灯より都合がよいと言われている。そうして中を窺うと、クマは熊の石という一段高い所にいたが、後ろを振り返ったので、一同顔色を変えて逃げ帰ってきたとの報告であった。だが目的は達せられたので、次に忠吉さんの父親の栄吉氏と金次氏・一美氏の三人が、前と同じように一人がアカシを、二人が鉄砲を持って送り込まれた。今度は岩陰に隠れながら鉄砲を撃つものの、なかなか命中しない。そこでとうとうその日はあきらめて、近くの木地小屋に泊めてもらって明くる日を待つことにした。翌日は、熊の体がなかなか見えず槍でつついたところ頭を出したので、そこを撃って仕留めることに成功した。この三人が一のやりの栄誉に輝いた。このとき初めて熊猟に参加した忠吉さんは、御神酒《おみき》を一升持参し、仲間入りをさせてもらった。

忠吉さんが初めて正面からクマを撃ったのは、戦時中のことであった。山にある営林署の工場でお椀をつくっていたときのこと、熊がいたと知らせが入った。まずはお酒を一燗やったところで鉄砲に弾をつめ、昼飯の弁当をつめて仲間と出かけた。北風に震えながら熊の来そうな撃ち場に陣取っていると、遠くからセコの追う声がする。そうしてしばらく

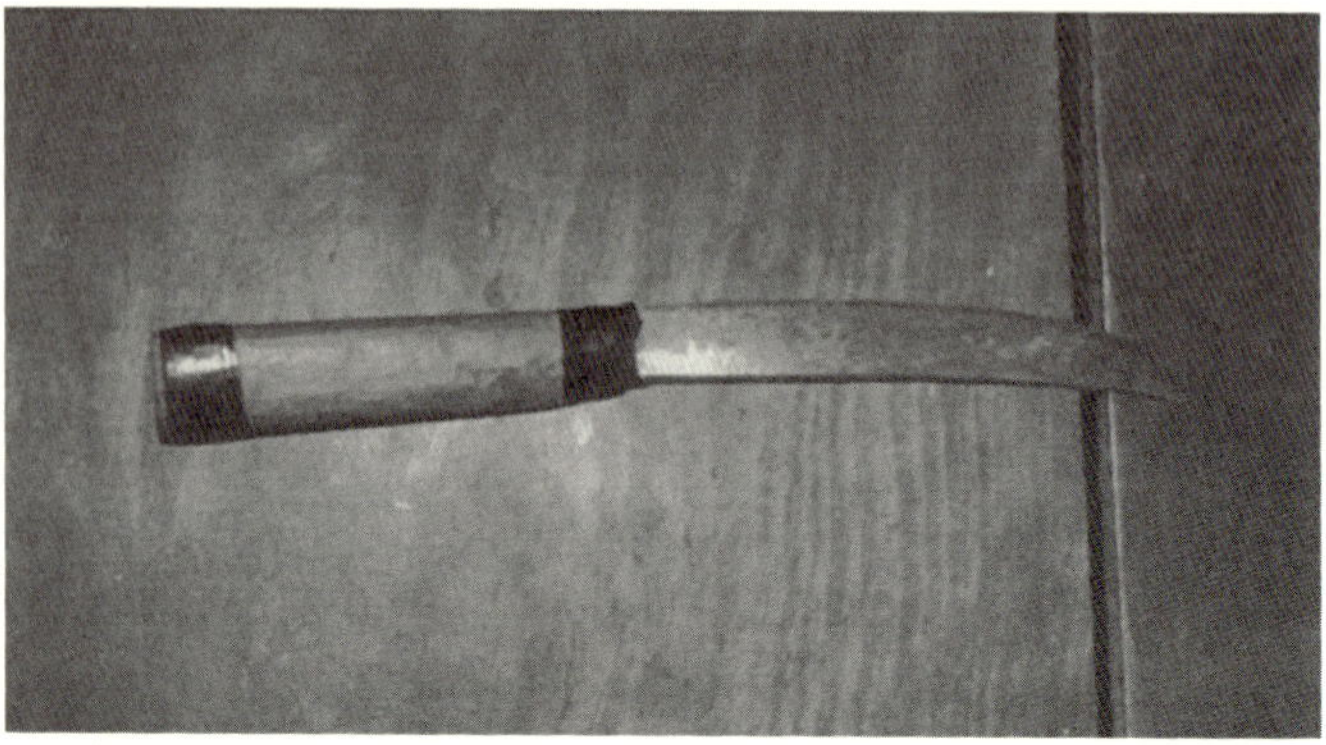

図18　熊を裂くのに用いた小刀（福島県熱塩加納村赤沢．1975年9月）

して熊が姿を見せた。来た、と思い鉄砲を熊の来る方に突き出してみたものの、なかなか良い位置に来ない。そのとき仲間の長一郎さんが撃った。それが熊の手と足に当たった。続けて忠吉さんが撃つと背骨に当たった。だが熊は死なず、長一郎さんと忠吉さんの隣で待ち構えていた撃ち手の方に行って撃たれたが、それも致命傷にならなかった。そうして鉄砲に弾をこめている間に熊は下へ下がった。追いかけると、再び下からセコに追われて忠吉さんに向かって上がってきた。今度は九尺ほどの近くまで引寄せ、一つ弾を撃ったところ首に命中し熊は倒れた。

こうして忠吉さんは一のやりになった。一のやりには熊の首が与えられるきまりで、まさに栄誉のしるしとなった。正面から撃ったのはこのときが初めで、戦争に行ったらこういうものなんだろう、とそのとき思ったそうである。また熊を逃したとなると仲間の者に責任があるので緊張したとも、熊狩りは寒い時に二〜三時間も神経を集中させて待つので苦痛も感ずるが、熊が来たとなると体が熱くなるんだとも、狩りの心理について忠吉さんは話してくれた。

その話からすれば、熊狩りは、単なる狩りではなく、いわば人間と熊との戦いと意識していたようである。戦いにはそれなりの作法があり、人間も死力を尽す。そして仕留めると勝利の喜びがこみ上げるが、同時に熊の死を丁重に弔う作法も発達させてきた。それは毛祭りと呼ばれ、熊を仰向けにして、そのヨツデ（四足）と頭の毛を挟んだ木の枝を頭近くの雪上に長老格の人物が挿し立てて行う。このとき「撃つ者も撃たれるものももろともに……」という唱え言を口にするそうだが、その詳細は教えてもらえなかった。そこにお敬虔《けいけん》な精神が息づいているように感じられた。

狩の禁忌

五十嵐さんは、猟師に関する次のような伝承も聞かせて下さった。これもそうした精神を物語っているように見える。

アオバ（青葉）流とサルバ（猿丸）流という二人の猟師が共に猟に出かけた。先にアオバ流猟師が行くと、山ノ神がコシアブラのキリタッコ（切株）に腰掛けて腰病み（お産）をしていた。山ノ神が手伝ってほしいと言ったが、熊を追いかけていたので断った。次に来たサルバ流猟師は頼まれるままに手伝ってあげ、山ノ神の子を取り上げた。それに感謝して山ノ神はこれから先へ行くと獲物が取れると教え、はたしてその通りに猟があった。また桐の木の盤の上で熊の肉を料理すればよいという教えも授けたという。だから、猟師をはじめ山で働く人は、小屋を作るときにはコシアブラの木を用いず、キリタッコにも腰掛けず、桐の木を俎《まないた》にもするなと言われているのだという。事実、キリタッコに腰掛けると不思議なことがあると言われている。

二つの流派の猟師が登場する同様の「神を助けた話」や、山の作法を伝える由来譚《たん》は東北地方の盤次盤三郎をはじめ各地に伝えられているから、会津特有の話というわけではない。だからこうした伝承を各地に伝え広めた人間がいたに違いないが、ただそれだけでなく、自然の現象に対する観察と経験が作用して発生している側面も無視できない。木の切株の上にのぼるなという戒めを、私は山口県の山間部で木挽きをしてきた男性からも聞いたことがある。その説明は合理的で、木の伐りだち（伐った間際）は切り口からガスが出て気分の悪くなることがあるから用心しなければいけない、と語られる。禁ずる理由の説明は異なるものの、戒め禁じている内容が一致するところは興味深い。その根はどこにあるのだろうか。

また熊狩りは不幸（葬式）を嫌ったので、不幸ができた者は猟に参加しない不文律であった。奥会津では一般に、死のけがれをシニッピ、産のけがれをサンピと言い、これらは火を通じて移ると考えられている。それを火を食うと言う。子どもが産まれたり人が死んだ家に立ち寄り、お茶一杯もらっても火を食った状態になると考えられた。だからサンピは一週間、きびしく守る人は二週間は山へ出ない、シニッピはこれよりきびしく親が亡くなった場合は四十九日が済むまでは山へ出るなと、大芦周辺では言われてきた。

だが不思議なことに、狩の場合はサンピは喜ぶというのである。狩に行くときには、わざわざお産のあった家に寄ってタバコの火を使ったり、ごちそうになったりすると猟に恵まれるというのである。山ノ神のお産という伝承と結びあうものだろうか。また、熊の腸をヒャクヒロ（百尋、長いところからの命名か）というが、これは安産のお守りになるとして妊婦の腰に結びつけるとよいと信じられてきたと、五十嵐さんは教えてくれた。これも人の誕生と熊や狩との関連を示唆するようで、何か深い意味が隠されているように感ずる。

冬の有用性

ところで、私が奥会津のむらを訪ね始めた頃は、高度成長の波が日本の各地を洗い、それがさらに山深いむらにまで押し寄せ、その病弊が深刻な様相を示している頃であった。過疎化、集落移転、子どもたちの都会指向のなかで家の将来

図19　雪上を橇で運ぶ（只見町布沢．1974年３月）

図20　見事に葺き分けた軒先（伊南村小塩．1974年３月）

を思い悩む親の姿、出稼ぎにまつわる苦労や悲劇、挙家離村等々がいやでも各地で目についた。昭和四十九年（一九七四）の春浅い布沢に滞在していた時のこと、同じ町内で出稼ぎ帰りの夫や息子を乗せたマイクロ・バスがわが家を目前にして雪崩に遭い、全員死亡するという事故が起きた。またそれより少し前には出稼ぎで男手の少なくなったなか只見線の除雪作業に出ていた男性が、やはり雪崩の犠牲になった。

そうした悩みや事故や犠牲のもとを質せば、時代の動きに合わなくなった旧来の生活サイクルの補正に懸命な努力を重ねる過程で生じた綻《ほころ》びに突当る。以前も同じように降り積もった雪に応じていた冬の暮らしの意味が無化され、雪はただ迷惑な厄介者というだけになってしまったことが大きかった。熊狩りにしろ、木材伐採、橇《そり》による木材搬出にしろ、雪を利用しつつ行われてきたのだから、この違いは大きい。その変化が急激であっただけに人々の動揺と混乱も大きかったと言わざるをえない。そしてそれは単に時代の変化というだけでなく、工業立国という国の立て方の変化にもよっていたのだから、こうした奥地山村は時代の大きな流れから意図的に排除されようとしたとも見える。だが、そのことを問うことなど山の人々はついぞ考えることもなく、空白の冬をいかに埋めて暮らしを立てるかに悩んでいた。

その穴埋め策は都会地の工事現場などの日当をあてにした出稼ぎに求められていったが、それは単純な肉体労働という点で、従来の伝統的な出稼ぎであった関東稼ぎとは質的にずいぶんと異なっていた。関東稼ぎは雪のない関東地方に茅《かや》屋根の葺《ふ》き替えや補修の仕事に出かけていったもので、これは会津茅手とも言われた。

関東稼ぎ

会津の茅葺き民家を見れば、その美しさに目を奪われる。今まで使われて煤けた黒い茅と新しい茅を格子縞のように見せる軒の葺きぶりに私は見惚れたことがある。そうした高い技術を誇る人々が数多く出かけて冬の賃稼ぎに従事したのであった。彼らの多くは農民でありながらも、冬には高い技術をもつ職人に変身したところに大きな特徴があった。

その経験を下郷町《しもごうまち》白岩で聞く機会があった。明治三十六年（一九〇三）生まれの湯田豊次さんである。豊次さんは十六歳の年から関東稼ぎに出た。先輩に連れられて栃木県の宇都宮近辺で仕事をしたが、初めの年は見習いのようなものだから日当は九銭であった。農仕事が終えた旧暦十一月に出かけて旧暦の正月を迎える前に一度戻り、次いで旧暦の二月初午頃に再び出かけて四月になるまで働いて戻ったという。つまり、一冬の間に約六〇日の旅暮らしを二度繰り返したわけである。

豊次さんの記憶は鮮明で、初めて出かけた時には、白岩から会津若松まで一日かけて歩いて出て一泊し、翌日、汽車に乗って宇都宮まで行ったという。旅館代の二円五〇銭、汽車賃の二円五〇銭の計五円をまず自分で負担しなければならなかった。だから、初年は一日九銭で六〇日分の賃金を得て五円四〇銭になるから、帰りの旅費を出したら差し引き何も残らない計算であったが、それも修業のようなものであるから仕方がなかったわけである。翌年からは日当が一三銭になったという。しかしそれでもおつりがくるという計算にはならなかった。

通常、屋根葺きの技術を修得するには、棟梁《とうりょう》と呼ばれる親方のもとへ弟子入りし、五年ほど修業を積む必要があり、関東稼ぎにもその棟梁が引き連れて出かけていき、棟梁は仕事を集めて回った。それで賃金は皆で均等に分けるものの、仕事の手配に要した負担分を棟梁に差し出すようになっていた（『田島町史　第四巻　民俗編』一九七七年、『下郷町史第五巻　民俗編』一九八二年など）。豊次さんの話では、仕事の依頼元を旦那場といい、その旦那場からの仕事紹介料として支払い賃金の一割を親方に渡したという。仲間九〜一〇人で組んで出かけるものの、自分たちで仕事を見つけることがむずかしいので、結局は親方の世話にならねばならなかったとも語る。そして仕事をしている先は、会津よりも季節のめぐりが早く、桜の花も散り苗代もつくり始まるので、家のことが心配で気が気でなかった、と豊次さんは当時を振り返る。

屋根葺きに用いる道具は数少なく、鋏《はさみ》・ガンギ棒・鉈《なた》の三つで足りたので、春にまた出かけるつもりのときは稼ぎ先に道具を預けて正月に戻ってきた。始めて三年ほどはこうして先輩の仕事を見ながら仕事を覚え、一人前になったと認められると親方が酒を買って祝ってくれたそうだが、毎年同じ地方に出かけているので次第に馴染みにもなり、なかには女道楽やその他の道楽に走って会津に戻らなかった者もあったという。豊次さんは五十五歳の年まで続け、家の都合でやめたそうだが、愛着を感じさせる話しぶりからはこの仕事が好きだったのだろうと思われた。

女のはたらき

関東稼ぎは、言ってみれば異風の中に身を置く経験であったが、その経験はどのように受け止められてきたのだろうか。豊次さんは初めて出たときには心細かったという。だがそうしたむらの外へ出る経験も、この地で生きる暮らしの一部分として混ぜ合わされ、そうして人生が築かれてきたのに違いない。その異風の経験が自らが生きる地の再発見や自覚につながることがあったのだろうか。

そう思うのは、女性の生き方を考えてみるからである。たとえば、会津北部の耶麻《やま》郡熱塩《あつしお》加納《かのう》村板ノ沢に暮らしていた外島ミツさんの話は山のむらの個性を考えさせていまなお

図21　福島県熱塩加納村板ノ沢の集落（1976年7月）

印象が深い。

ミツさんは明治二十三年（一八九〇）に現在の喜多方市郊外に生まれ、二十三歳で板ノ沢に嫁いで来られた。来てみて驚いたことは、一つには田の深いこと、二つには炭を背負って運んでいることであったと言う。ミツさんの里では車を使って運んでいたのに、ここでは炭を詰めたカマスをヤセウマと呼ぶ背負梯子に荷縄で縛り付け、ニンヅイボウと呼ぶ荷杖を使いながら運んでいたからであった。それはミツさんの里が平坦地であったのに対し、ここは傾斜がきつく人の背に頼るしかなかったからであろう。その炭は加納鉱山に運ばれたものだが、朝八時頃に板ノ沢を出て片道二時間かかる行程であった。これは堅炭であったが、ほかに鍛冶屋《かじや》が使う鍛冶炭を喜多方まで運ぶ仕事もあり、こちらは同じ頃に出て午後三時頃に戻りつく、往復にほぼ一日を要する仕事になっていたのである。

その炭はもっぱら男が冬の仕事に焼いたもので、その売り捌《さば》きの運搬は女の役割であり、炭を入れるカマス織りも女の仕事になっていて、女性の働きは男に負けることがなかったという。また細い山道を長さ一三尺もある五〜六寸角の木材を背に負い、蟹のように横に歩く姿も見られた。

さらに女性は家の中の炊事をはじめ衣料の世話もしなければならなかった。麦飯中心の食事は手間がかかり、その日その日に用いる分を少しずつ臼と杵《きね》を用いて搗《つ》いて用意するものだから、毎日の暮らしを支える仕事をこなすだけであわただしく一日が終えたものであった。そうして忙しく働くうちに、この土地の人間としての暮らしぶりに溶けこみ、やがてその暮らしを伝えていく立場にもなったことを思えば、いまさらながらに暮らしとは何か、考えさせられる。

いのち

道案内

伊南村小塩に暮らしていた菊地徳太郎さんとの出会いの記憶はいまでも鮮明である。それは昭和四十八年（一九七三）七月のことで、到着した翌日、まずはむらの地図を作ろうと考えてむらの中心を走る道を歩いていた。その傍らの一軒に徳太郎さんはいて、私の姿を見つけると面白いものを見つけたというように近づいてきた。明治二十六年（一八九三）生まれの八十歳。血色のよいにこやかな笑顔がとても印象的であった。

何をしているのかと聞かれ、家や道を地図に書いていると答えると、それじゃ案内してやると、杖を手に頭に麦藁帽子を載せて夏の日盛りへ歩き出した。

図22
福島県伊南村小塩の集落
（1973年8月）

図23
菊地党がまつる熊野神社
（伊南村小塩，1973年8月）

小塩は正式には「こしお」というのだろうが、土地の人は「こしゅう」と言う。意識してそう言うのか、訛りなのかよくはわからない。その小塩は奥会津と呼ばれる山深い地方の一角を占める山間のむらではあるが、尾瀬から北に向けて流れ下る檜枝岐《ひのえまた》川が伊南川と名を変えてつくった比較的低平な水田地帯の見られるところである。山仕事はもちろん大切な仕事となってきたが、その一方で水田稲作もかなり早くから行われてきた。それでも水田五反歩もあれば上の部という農家が多い。

しばらく歩くと左に折れ、稲田の間を貫く小道に入る。見ればその道はやがて山へ吸い込まれるように続いているが、山際近くになって徳太郎さんはふいに左手の小道を上がった。続いて上がってみると小さな祠《ほこら》がある。その傍らの一升瓶をとりあげ、さあひとつやろうと盃を差し出す。受け取って口に運ぶ間に、先日の山ノ神祭りの残り酒だと言い、祠の中からご神体だという欠けた板碑《いたび》を取り出して、講釈をしてくれる。そうして手を合わせてから、また先にたって歩き出す。

そこから道を戻ると、今度は夏草を掻き分けるようにして、山際の道を進む。そうして神社に入った。これがむらの鎮守にあたる諏訪神社である。境内にはむらの家々で祀っていたウジガミを移した祠が多数見られる。徳太郎さんの話では九月九日が祭りだということであった。そして徳太郎さんはそこからさらに山裾の道を進んで、小さな社へ導いた。それが菊地党が祀る熊野神社であった。菊地党とはこのむらの菊地姓を名乗る同族集団で、熊野神社をまつるからクマを狩ることが禁じられている、という説明も施してくれる。さらに進み、むらのハカショ（墓地）がある観音堂へと導き、解説をしてくれる。徳太郎さんは村の歴史にも関心が強く、一人で墓碑銘などを調べては金銭出納帳を転用したノートに几帳面に整理するという研究熱心なところもあった。そうして観音堂の説明が一段落すると、私の求めに応じて大きな木陰の下で白い歯を見せてカメラに収まった。

山の仕事

徳太郎さんは、年寄りとはいえかなり立派な体軀の持ち主であった。その後、若い頃の話をしてくれと頼んで知ったことには、山から伐採された木材を筏に組んで伊南川を下る流送の仕事をしたということであった。流送は春が近づき山の雪が融け始めてやがていくつもの沢から伊南川に水が流れ込み、あふれるほどの水を集めて川が勢いよく走るユキシロがあがってから行われたそうである。徳太郎さんは木材をカズラで縛って筏に組んで、これに乗って川を下り、只見まで送ったそうだが、その木材はさらに引き継がれて只見川を下り、やがて阿賀野川に合流し、最後は新潟にまで送られた。

図24
木挽が使うヨキを持つ馬場哲夫氏
(1973年7月)

図25　地蔵堂　ミトジョウがかかる（伊南村小塩．1973年7月）

小塩は奥会津地方では水田率のもっとも高い地帯にあるが、農作物は麻や繭を除いて金にならなかったから、屋根葺き・炭焼きなど現金収入源になる仕事は、いきおい農業以外に求めていかねばならなかった。

話すうちに昔を思い起したのか、道具を見せようと立ち上がり、木材を動かす際に使ったツルやドットコを納屋から持ち出して来て、使う動作を真似て見せる。そして山袴をつけ、頭に手ぬぐいを巻き、腰には鉈、そして木挽き鋸を手にしてポーズをとって写真に収まった。

アカコナシ

馬場キヌさんには出産と子育ての話を聞かせてもらった。キヌさんは徳太郎さんの道向かいに住んでいて、明治三十三年（一九〇〇）の生まれであった。手仕事を進める傍らに寄り添うようにして話をきくのだが、聞取りにまだ慣れない私では尋ねたいことが滑らかに口をついて出てこない。

この辺では子どもを産むことを何と言うんですか、という調査項目を棒読みしたような質問をする。下手くそな尋ね方だと自分でも思って、舌打ちしたいくらいだ。だが、キヌさんはそんなことは気にする風もなく、それは出産というんじゃないか、と表情を変えずに答える。さすがに面食らって、「あのう、土地のことばで……」と言い添えると、「ばあ

ちゃん、それはアカコナシだろ」と見かねたようにそばにいた嫁さんが教えてくれる。あ
あそうだったと、キヌさんはいたずらっぽく笑う。

アカコナシとは赤子をなす（産む）という意味であるという。そして妊娠はミモチ、妊
婦はハラミットとかハラミオンナといったことや、ミモチになったことはクセ（つわり）
になったり、食べ物が変わることでわかったこと、助産婦はいなかったので子どもの取り
上げはトリアゲバンバとよぶ近所の手慣れた女性がしてくれたことなど、このときに教え
てもらった。

とくに安産を祈る気持ちには強いものがあり、むらのなかに祀られる地蔵さまによだれ
掛けと頭巾をあげて願う習慣であった。確かに、地蔵さまの首にはよだれ掛けが何枚も重
ねて掛けられていて、しかも真新しいものもあり、その祈りがなお続いていることが読み
取れた。中にはここから他所へ嫁いだ女性の名前が入るものもあった。

そうした祈りの習慣と表裏一体をなしていたのだろうか、妊婦には食事をはじめとする
さまざまな禁忌が伝承されてきた。たとえば、妊婦は馬の手綱をまたいだらいけない、ま
たぐと馬と同じように一二ヵ月子どもが腹にはいったままになるのだ、というような具合
である。単なる迷信のようでもあるが、その背後にはかつての信仰の残存も確認できるよ

うに見られる。出産が女性たちにとってはときに死の恐怖と向き合わねばならない行為だったことが、こんなところからも窺える。

だから無事に取り上げてくれたトリアゲバンバは、母子ともに深い感謝を捧げる存在になっていたわけである。正月二日と五月五日の両日には、子どもが十五の歳になるまで餅を五重ねもって、成長ぶりを見せながら、お礼にトリアゲバンバのもとを訪ねる習慣になっていたのだという。その餅はヤヤッコ（子ども）が背負っていくともいう話だったが、年中顔を会わせているような隣近所の関係ではあっても、餅を背負いあらたまってやって来る子どもの姿を迎えるトリアゲバンバは、やはり晴れがましいような気分になったのではないかと想像される。

子どものいのち

その一方で、つらい場面もあったようである。フタッコ（双生児）は喜ばなかった、とキヌさんは言った。フタッコを産んだ女は泣いて悲しんで、欲しい人があったらやって欲しいと切に願ったという。なぜかときけば、二倍手間がかかるからだという答えだったが、でも大抵の場合は二人とも育てたものだと付け加えた。

子どもの誕生が喜んで迎えられるばかりでなかったことは、ほかのむらでも聞くことがあった。そこには堕胎と間引きの記憶がつきまとい、その影に脅えるように私の質問に顔を横に向けたまま答えてもくれない老女もあった。その人も長年トリアゲバアサンを務め、サカサッコ（逆子）など難しい出産にもずいぶんと出会ったそうで、赤ちゃんをなす人は棺桶に片足を突っ込んでいるといったものだと話してくれた。また後産（胎盤）がなかなかおりないときには、これをおろすための呪いがあったということである。その内容は他人に教えてしまうと効果がなくなるから教えてやることはできないと断られたが、それはやはりトリアゲバアサンをしていた自分の祖母から教えられ、そしていま次に伝えるべき人を心に決めているとも語った。つまり、もうトリアゲはしないと決めたということだろう。

そう決めていたにしても、堕胎や間引きの体験を語ってきかすことはなかった。堕胎はオトスといい、二通りの方法がありこれで命を落とした女性もいたということや、間引きはオッケーシといい、口をふさいだりして行い、実例はずいぶんとあったと語ったあとで、どのようにオトスのかその方法を尋ねてみたら、そんなこと恐ろしくて言えないと言ったきり、ついに口を開くことはなかった。

その練達のトリアゲバアサンが後産をおろすまじないを誰かに伝えられたのかどうかは

確認していない。すでに冥土に旅立たれ、恐ろしい堕胎や間引きをこなしてきた技や経験はついに記録されることもなく潰《つい》えたが、それはそれでよかったような気がする。老女がついに私に語らなかったのは、私に対する深い思いやりであったのかもしれないと、私はいまはひそかに感謝している。だが、そんな思いを積み重ねながらたくさんの子どもを取り上げた老女から、仕事の都合とはいえ家族が離れ、大きな家で一人暮らしを余儀なくされた晩年は、どんな思いで過していたのだろうかと、いま思い返してみても胸塞がれる思いがする。これも過疎化の一こまに違いなかった。

子育て

キヌさんの話では子どもが産まれると四、五日から一週間ほどは夫は山でも川でも危ない仕事をするものではないと言われていたという。ここでは、産のけがれをいうサンピは死のけがれのシニッピよりも嫌われ、三週間ほども休まねばならないとも言われていた。もっとも昭和四十八年（一九七三）当時、若い人はもうすでに年寄りから注意でも受けねばそんな禁忌は守りもしないようになっていた。

その期間が三週間と聞いて思うのは、オボヤのことである。これは産婦が産後三週間は部屋から出てこない、中仕切から上に上がらない、太陽にあたらないという忌みを強いられた生活をさしている。その初めの一週間をヒトオンビヤ、次の一週間をフタオンビヤまたはナカノオンビヤ、最後の一週間をシメイオンビヤといい、二一日目がオビヤアケで忌み生活から解放されるのであった。「オンビャあいたから茶ごとでもすんべ」と言いつつその朝に、お世話になった人たちに知らせ、オフカシ（赤飯）などを用意してお礼をした。トリアゲバンバももちろん招かれ、バンバは赤子の頭の脇の毛を切り、ボンノクボに毛を残す。その毛が、赤ちゃんが万一イロリに落ちたときに火の神の摑み所となって子どもを救うのだと言われてきた。

夫と妻双方に課せられた忌みの期間が三週間と一致するのは、産まれてきた子どものいのちの落ち着きを図る大切な物忌み期間に当たり、その子の父と母に強く自制が求められた結果だと見ることもできそうである。しかし産後の妻の体と心を安らかにさせるために夫が傍らに寄り添うことを求めた結果のようにも見える。いずれにしてもそれは推測の域を出るものではないが、産まれたばかりのいのちをどう見たか、その一端がそこから偲ばれるように思える。

子どもの夜泣きが激しいときには、家のまわりを三べん回ると治まるとか、墓地の六地蔵に葬式時にあげてあるろうそくを持ってきてその火を見せるとよいなどと伝えられてきた。また産まれ子の性別を、夫婦の年齢を足して奇数ならば男、偶数ならば女と予想し、

図26　墓地の六地蔵（伊南村小塩．1973年７月）

図27　薬師堂（伊南村小塩．1973年７月）

万一これと違う子が産まれたら授からない子であるから一度捨て子をして誰かに拾い直してもらうという、呪いめいた習慣もあった。実際そうせずに死んだ子がいたという話があるように、そのような事実の存在がこうした習慣を温存させもしただろうが、その底には医者をはじめいざという時に頼るべきよりどころに乏しかったという事情があったのは否定できない。

だから地蔵さまに対して、生後五〇日目には産まれ子の名前を記したみとじょうと呼ぶ布を納め、月の二十三日にはおさんご（洗米）を持って参り、無事な成長を願ったという行為もうなずける。また病気になると墓地近くにある薬師さまに患部を書いた紙を貼り治癒を祈ったが、急病人が出たときにはその人の家近くに住む人々が出て薬師さまに「センドモーシ頼みます」と言い、お百度参りをしたという光景も、そうした事情ぬきには理解できない。

観音堂

その薬師堂に隣接して観音堂が建つ。そしてそれはまた墓所と接する。それを示すように、観音堂には棺を載せて担ぐ台が置かれていた。人が亡くなると近隣の者やナカマと呼ぶ親戚の人たちの手により葬式が営まれるが、死者のいとこくらいまでの間柄の者には、ふだんの行き来がなくとも来てもらうようになっていた。

図28　観音堂の内部（伊南村小塩．1973年7月）

死者は湯灌の後に白装束の旅姿に包まれ、生前の好物と黒豆の団子一つ、六文銭（銭六枚）が棺に収められた後、墓の穴掘り役が叩く鉦の音とナンマイダンボーという声に導かれるようにして墓地へと送られる。葬儀をジャンボンと呼ぶのはその鉦の音に因むのだろうというのは小塩の住人の解説である。墓に着くと観音堂に棺を下ろして一休みし、その後穴掘りの人たちのナンマイダンボーという大きな怒鳴り声とともに土がかけられ埋葬される。参列者は履いて行ったはきものを墓地へ投げ捨て帰ってくる。そして四十九日には、小豆餅やくるみ餅をつき、墓へ持参することになっていた。

つまり観音堂は葬儀と深くかかわる場所なのだが、それが薬師堂と隣りあっていること、さ

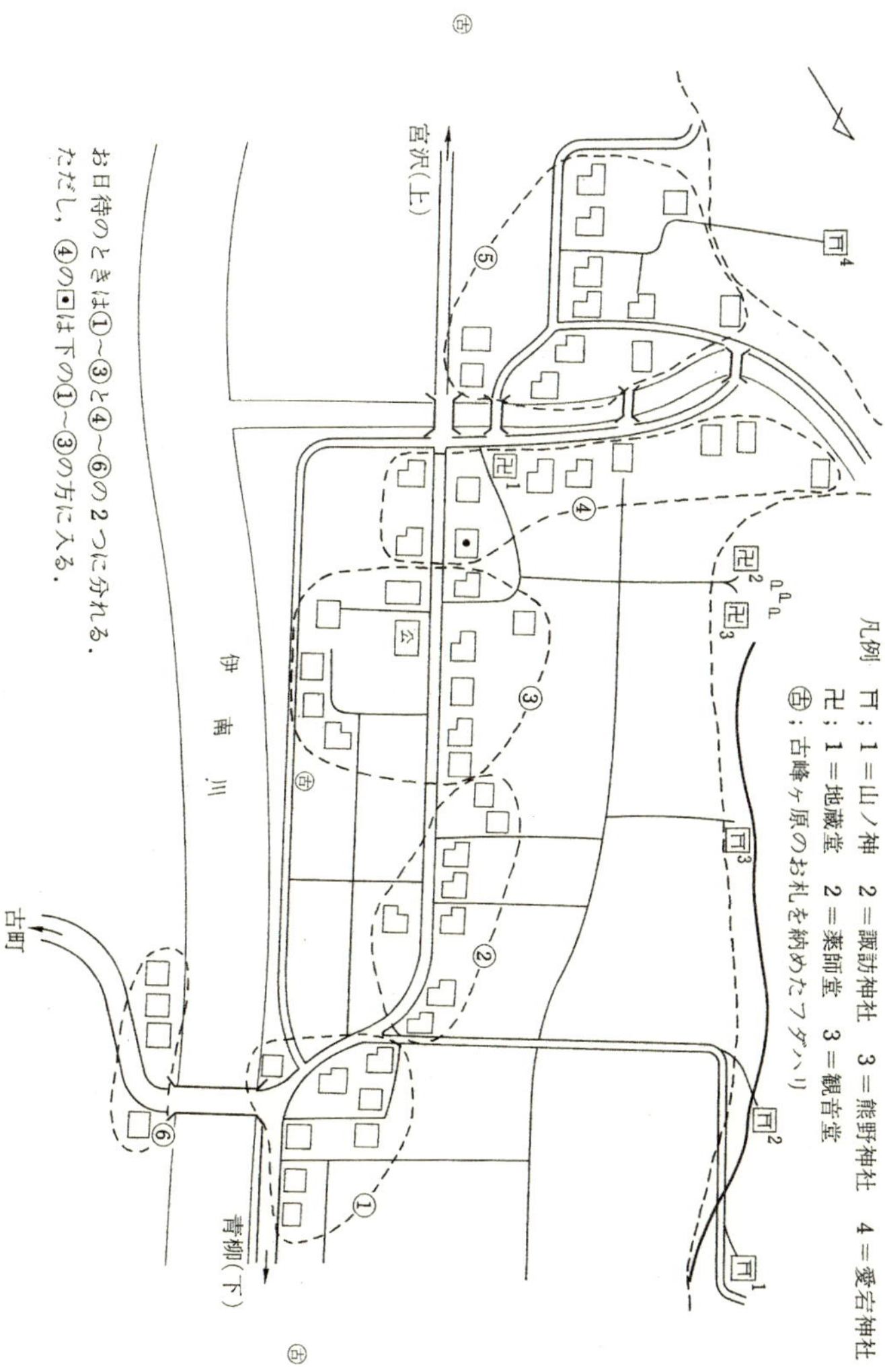

お日待のときは①〜③と④〜⑥の2つに分かれる．
ただし，④の⊡は下の①〜③の方に入る．

図29　南会津郡伊南村小塩集落図（1973年当時）

らにこれらに地蔵堂も加えてみたときに、それらの位置関係に何か意味が込められているように思えてくる。堂や社など、小塩における信仰対象施設を地図に示せば図29のようになるが、集落背後の山裾にそれらが並んで位置していることがすぐ読み取れる。ただ、その中で地蔵堂だけがむらのほぼ中央にあって様相を異にしている。

言うならば、地蔵・薬師・観音という三つの堂は、むらに産まれた人間の一生と深くかかわっていたと見られる。それら三つの堂は誕生と成長、そして病と死といった人間のいのちの推移を表現しているということである。そして地蔵堂だけがむらの内部に設けられたのは、新たないのちの訪れを皆で迎えるという意思表示のように読めないだろうか。いっぽう、この世を去る者は家並を離れた山際に鎮まるというように、魂の行方を見定めていたように見える。

それは言い換えれば、生と死という二元の世界を空間的に配置した結果とも見られるし、柳田国男の『遠野物語』に出てくる蓮台野を思わせもする。だとすれば、小塩の人々にとって山は労働の場であると同時に死後の安らかな世界をも意味していたことになるだろうが、山のむらが求めた死後の世界がまた山であるというのは、死がこの世とはそう遠くない世界と考えられてきたためかもしれない。そこには当然生きながらあの世のことを思う人生があったことを予想させる。

米寿の祝い

そう思うとき思い出される人がいる。下郷町白岩に暮らしていた湯田嘉吉さんである。明治二十二年（一八八九）生まれで、二十五の歳まで茨城県多賀郡に屋根葺きの出稼ぎに出て、その後は炭焼きに転じ木炭組合の会長を長年務めたという人である。昭和四十九年（一九七四）春に私が訪ねたときにはすでに八十歳を超えており、もう少し生きて米寿の祝いをしてもらってから死ぬのが人生最後の望みだと語っていた。その死を予告するような言い方が、私は気になっていた。

息子さんは土建業を営み、妻とともに昼間は外で働いているから、昼間はいつも取り残されたように一人で薄暗い部屋に座り続けていた。自分が若い頃は若者がむらで勢力をはっていたから、夜遊びにも精を出したという威勢のいい話も出たものの、その頃の姿を想像するのは難しいほど静かな話しぶりであった。その口から、米寿まで生きたいという強い願いの言葉がもれるたびに、私はその心の正体をつかもうとするものの、それはまるで一種の呪い言葉のように響いて捕らえ処がなかった。

しかし山で炭焼きを盛んにやった人生であるから、山の話はやはり面白かった。その話によれば、仕事の舞台である山を支配する山ノ神は女だという。それで山の中で仕事に使う小物などをなくして見つけ出せないときには、前をはだけて自分のモノを出して振ると山ノ神さまは喜んで、すぐに見つけ出してくれると伝えられており、実際そうだという。なかには、山ノ神さまがそれを見たいばかりにわざと隠すのだと解釈している人もあるらしいが、炭焼きにかぎらず山の恩恵なしに暮らすことのできなかったこの山のむらで、最高神たる山ノ神が女だと信じられているのはじつに興味深い。そこになにか奥深い理由が潜んでいるようにも思えるのだが、それはなかなか見えてこない。

嘉吉じいさんはときどき散歩がてらに、草木の実を採集して歩いている。私が明日は帰るという日にじいさんは、丹精こめてつくったブドウ酒・グミ酒・ニンジン酒を出して歓待してくれた。とくにニンジン酒は十年ものという力作で感激に堪えなかったが、その日も一人で心なしか寂しそうに見えた。それではと、いよいよ帰るという段になって、ママタビ酒をみやげにやろうと言う。コタツからぬけ出して多少心もとない足取りでまだ雪の残る外に出ると、土蔵に入り透明の美しい色をたたえた一升瓶をさげて出てきた。礼を述べると、やや窪んで小さくなってしまった目がかすかに笑った。記念に一枚というと、曲がった腰を精一杯伸ばすように両手を体に添わせてカメラに向かった。

その夏に再会したときにも、八十八歳まで生きて米寿の祝いをしてもらうのが人生最後の願いだと繰り返し私に語った。そしてそれから一五年ほどたった夏のある日に訪ねてみたら、すでに嘉吉さんは不帰の人となっていた。それは十分に予想していたことではあったのだが、息子さん一家が事業に失敗してむらを出てしまったと聞かされたときにはさすがに驚いた。よほど気が動転したのだろう、嘉吉じいさんが米寿の祝いをしてもらったのかどうか尋ねるのを忘れた。そのことだけが気になっての再訪だったというのに。

山の近代化

五木——焼畑のむら

子守り唄

九州脊梁山地の只中にある熊本県球磨《くま》郡五木村は、戦後、NHKのラジオ放送が流した五木の子守り唄で一躍有名になった山の村である。北原白秋が激賞したともいわれるこの子守り唄がどういう経緯でラジオ放送されるようになったものか、その詳細は知らない。しかしその哀調を帯びたメロディーもテンポも、五木村で歌われてきた子守り唄とはかなり違っている。この唄の発祥については種々の見方があるが、もとより五木村独自の唄というのではなく、南隣の相良村も含めたこの地方一帯で歌われた子守り唄であったと見た方が正しいようである。またその一節に「おどまかんじん　あん人たちゃよか衆」と歌われるところから、これを焼畑農耕に基づくダンナ衆とむら人と

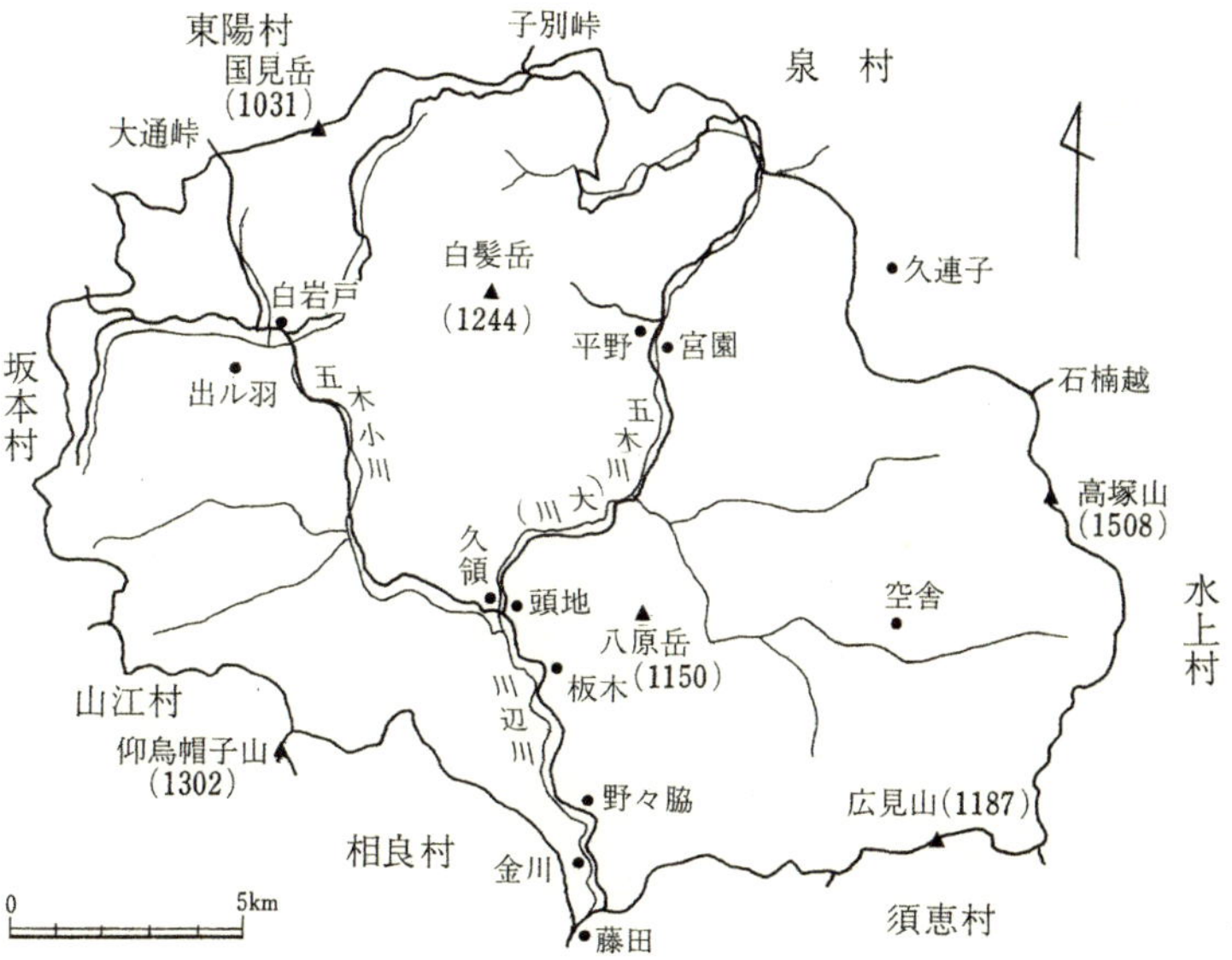

図30　五　木　村　略　図

川辺川ダム建設に伴い新道が敷設されつつあるが，それ以前の道を示している．
本文中に登場する集落名を主として示した．

の封建的身分関係を反映しているとみる理解も行われたけれども、むしろそうした理解を否定したところにこの唄の発祥はあるように思われる。

そのダンナとはどのようなものか。簡単には言い尽くせないが、三十三人衆とも呼ばれるとおり、五木村全域を三三の地域に区分して支配し、地頭とも言われた家柄をさす。集落を抜ける往還は必ずダンナ家の庭先を通るようになっていたとも言われるように、人や物の出入りにも目配りをきかせた存在であった。山林をはじめとする村内の土地の大部分を所有し、それを焼畑用地としてむら人に貸し付けることによりその地位が保証されていたのだが、中にはたいして土地を持たないダンナもあり、その内実は決して一様ではなかった。

子守り唄が歌うよか衆がダンナであるのかどうか、その詮索は別に譲るとして、ここで注意してみたいことは、この子守り唄が歌われた五木の山の暮らしの実際はどのような日常であったか、ということである。これを山棲みの暮らしと一言で表現するのは簡単だが、それですべて律しきれるほど単純な暮らしぶりでなかったことも事実である。平家や源氏の落人と語る伝承をはじめとして、秀吉の朝鮮出兵に従った相良氏に同行したゆえに山知行を授かったとするダンナ家の成立伝承、さらには明治以降に活発化する外部資本による

図31
五木川　五木村溝ノ口付近
(1994年8月)

図32
五木の道　馬車も通った道
(1995年8月)

種々の山林開発とそれに伴うさまざまな人々の来入・来住といった種々の歴史や伝承を勘案するならば、とても一筋縄ではいかない複雑に入り組んだ暮らしこそが思い浮かぶはずである。

ダンナの立場

昭和三十七年（一九六二）六月に人吉市から川辺川沿いの道をさかのぼって五木や五家荘を訪ねた宮本常一は、水がきれいに透き通る川辺川の流れを「清冽」そのものだと言い、続けて「川の水のすみきっているということはよいことだが、同時にそこにはきびしい生活をしている人のいることをそのきれいな流がものがたってくれている」と書きつけている（『私の日本地図』〈11阿蘇・球磨〉一九七二年）。宮本の鋭い観察の言葉どおり、五木の暮らしは豊かではなかったかもしれないが、山に焼畑をひらき、粟や稗・麦などの穀物を自給しながら、焼畑の産物である山茶や楮皮を商人に売って盆暮れに必要な品物を買い揃える現金を手にするという暮らしの立て方は、あたかも自然の推移のごとく嘘のない暮らしであったことは間違いがない。だからこそ多くの山林を所有したダンナ家と、そのダンナ家に寄り添いつつ暮らしの保証を求めた人々との関係は、この山のむらにおける社会生活の基本になってきたと言ってよい。

高松圭吉は、五木村の村長がダンナ家によって占められてきた事実を踏まえつつ、村民はほんとうの政治が「旦那のいろり端」にあることをよく知っていると述べている。「借金がいくら増えて、もうそろそろ味噌を貰いにくるころだ、ということまで知っていなければならない」。それがダンナであると高松は指摘する（「五木」『秘境』所収、一九六一年）。それでダンナのすべてが語り尽くされるのかどうか、私にはまだ断定しきれない。しかしこの関係を、たびたび指摘されてきたような封建的遺制とのみ考えるのは一面的理解にすぎないことは言ってよいように思う。

そのダンナ家は三三軒あり、三十三人衆と称されてきたが、時代の変転の中で土地を失い、いまは消息すら不明になった家もある。当然、時代の荒波はダンナ家にも容赦なく押し寄せてきたということなのだが、その時代の波をダンナはどう受け止め、どう乗り切り、新たな暮らしを組み立てようとしてきたのだろうか。そのことを探ることは、そのままこの村が辿った近・現代史を語ることになると思われる。

この課題に接近するために、五木村板木のダンナであった佐藤家の「農業日誌」（佐藤忠記録、昭和二十六年七月～二十七年八月）を資料として、以下に検討してみたい。この日誌は、昭和三十年代にほぼ終息する焼畑に基礎をおく生活の終末期の様相を伝えており、当時どのようにして生計が維持されてきたのか、また記録者の佐藤忠氏がどのように将来を展望していたのかさえ読み取ることが可能になる内容をもっている。
そこでまずは、この「農業日誌」が書かれた、当時の時代背景を理解しておくために、五木村の歴史を簡単に振り返っておきたい。

史料から見た五木村の暮らし

この地に人が住み始めたのは、はるかに縄文時代まで遡るが、史料の上にその名が登場するのは「平河文書」（『熊本県史料　中世篇三』）が古い。「平河三郎師高重代所領田数注文」（建久二年＝一一九一＝五月三日の日付が入る）と標題がついた文書に「一所同郡同庄之内五木之村」とあり、「さうし三百束　いた千五百　うるしつつ三百」と記されている。雑紙《ぞうし》・板・漆が特産物であったと思われる。

次いで、江戸時代の寛永十一年（一六三四）十二月二十四日の日付のある「肥後国内求麻郡郷村高辻帳」（『熊本県史　別巻第二　資料』）に、「惣高之外」として「一、田無　山畑役無　五木谷」とする記述が見え、税負担のない状態であったことが知れる。そうした所は五木のほかに皆越谷（現・上村《うえむら》）と槻木谷（現・多良木町《たらぎまち》）の二ヵ所が記されている。

さらに時代が下った宝暦（一七五一～一七六四）から明和（一七六四～一七七二）にかけての頃になった「諸郷地竈万納物寄」によれば、三九一軒（うち郷士五二軒、寺社五軒、百姓

図33　炭焼きの窯　片山一氏所有．五木村白岩戸の奥（1994年8月）

図34　木やり保存会による木馬ひきの演技　五木の子守り唄祭で（1994年11月）

三一七軒、又百姓一七軒）の家があり、二四二九人（安永三年＝一七七四＝改）が暮らしていたと書かれている。そして水田が一町六反弱（約一・六ヘクタール）あるが、畠年貢はなく、茶・漆・くさぎ（臭木＝山野に自生し、果実は染料になり、若葉は食用になる）・渋・猪鹿肉などが記載されるほか、正月や初御目見《おめみえ》・八朔《はっさく》には雑紙を献上するとある。いずれも山棲みの暮らしを反映した記述と言ってよい。しかし、その暮らしの具体的な様子を知ることはむずかしい内容に留まっている。

五木村の暮らしが詳しく述べられている資料は、明治八年（一八七五）五月、求麻郡地誌調掛の高田苗清・渋谷得蔵による報告である『肥後国求麻郡村誌』のなかに収められている「肥後国求麻郡第十四大区七小区五木村地誌」があげられる（坂口一男監修『肥後国求麻郡村誌』一九七六年）。

そこには、

戸四百三十六　内　士三十三　庶四百二　寺一　口二千八百四十人　内　男千三百七十九人　女千四百六十一人

と家数と人口が示されており、「諸郷地竃万納物寄」記載の数字と比べると、四五戸、四一一人の増となっている。ただし、郷士五二が士三三に減っており、これはダンナ家をさ

していると見られるものの、その減少の理由や事情に関しては不明である。次いで、村の暮らしについて、

村民多クハ岸頭ニ家屋ヲ構シ居住ス田地僅カ一町歩余霧深ク水冷ニシテ草藁色黒ク丈ケ短シ豊熟ノ秋甚稀ナリ男女トモ只焼畑作ヲ専務トス作場遠クハ二里余ニ及フ成熟ノ期ニ至テハ諸獣作実ヲ喰荒スニ依リ山谷ノ作場ニ小屋ヲ構シ毎夜監護ス生綿土地ニ応ゼズ麻苧ヲ作レトモ地悪シク丈ケ短ク只麻種ヲ売ヲ要ス焼畑ノ茶楮ヲ取渡世ノ助トス又小豆ヲ売ル者アリ薪秣ハ焼畑ヨリ伐リ取リ十分ナレトモ険所ニテ他村ニ持出ス事能ハズ米ナキ土地ニテ常雑穀ヲ食ス下等之村落ニテ分テ未開ノ地トス（新字体に改めた。以下同じ）

と、焼畑を中心に獣を追いながら食料を確保し、茶や楮や小豆を売って金に換えた様子が記されている。そして「下等の村落にてわけ未開の地」と報告されていることに注意しておきたい。平坦地に暮らす人々から見れば、五木村についてはそうした見方がなされていたものであろう。

また産物として、

米、大麦、小麦、裸麦、大豆、小豆、粟、蕎麦、唐黍、黍、稗、豌豆、芋、薩摩芋、

蒟蒻芋、大根、菘《とうな》、茄子、黄瓜《きうり》、胡麻、菜子《さいし》、麻子《まし》、梨、栗、梅、筍、蕨、椎茸、木茸《きくらげカ》、茶子《さし》、茶、烟草、麻苧、楮、萱、大竹、小竹、下駄木、薪、鶏、鶏卵

と、さまざまな作物が列記されている。

さらにもう一点注目しておきたいことは、銅鉱山の存在である。「地誌」には、

字金川焼畑地ノ内　銅鉱試掘一ケ所　地主第十四大区七小区農白柿与七
右試掘願人鹿児嶋県貫属士族谷川和輔明治七年八月工部省ヨリ免許アリ右銅鉱ハ安永年間掘リ跡也ト云

とある。焼畑に依存するだけでなく、山の種々の資源に対する開発の手が次第に五木村にまで延びてくる様子が読み取れる。人吉や八代の資本が入り、ナバ（椎茸）山や炭山、木材開発が進められていく動きが強まってくる。とくに木炭は銅山からの需要が大きくなり、紀州などの遠方から炭焼きの仕事を求めて人々が来入するようになった。そしてそのまま五木に落ち着いた人たちもある。

五木鉱山焼鉱畑被害調

五木銅山について、『球磨郡誌』（一九四一年）は次のように書く。

旧幕時代より稼業せられ、明治三十七、八年頃全盛を極めしが、水準線以上を採掘し尽し、其の後残鉱処理と探鉱とを行ひしが作業困難及

び其の他の事情にて放棄せられたりしが目下日本鉱業経営にて現に採掘中なり

その全盛を迎える頃、佐藤家をはじめとする板木の農家は、銅鉱石を焼く煙により農作物や立木に被害を被っていた。そのことを伝える、明治三十二年（一八九九）に五木村長宛てに提出された御願の文書の控えが佐藤家に残されている。その冒頭には、

私共儀是迄各自ニ於テ所有スル土地内ニ於テ年々粟外種々ナル穀類其他雑産物ヲ作付ケ古来主職トスル農業相営ミ来リ候処凡ソ明治廿九年以来五木鉱山ニ於ケル煙毒歳月ヲ追フテ其害ヲ諸作物ニ及ホシ同今ノ状況ニ於テハ将来年一年其被害ノ甚シキヲ免レ難キハ言ヲ俟タサル儀

とあり、さらに、

本年度ヨリ之カ被害料ヲ五木鉱山合資会社ヨリ申受ケ以テ一家ノ維持費ニ補塡致度

と補償を要求する旨が述べられている。これが奏効したかどうかは分からないが、そこに記載された被害調べの数字から、当時の板木で行われていた農業の様子を知ることができる（表1・2）。御願の文書は、当時の佐藤家当主である佐藤忠作と、板木住民である中村久六をはじめとする七人の連署によるが、「五木鉱山焼鉱烟被害調」と標記された被害調べは同じ様式ながら、佐藤家と中村久六ほか六名と別々に一通ずつ作成されている。

表１　五木鉱山焼鉱烟被害調(1)

一総反別四拾七町七反六畝拾壱歩　五木村字板木佐藤忠作所有地
　但郡村宅地ヲ除ク外農耕地用

作付種類	年々作付地	煙害以前収穫高
粟	1町歩	7石5斗
麦　類	1町2反歩	9石
豆　類	8反歩	4石5斗
麻	7畝歩	50斤
煙　草	4畝歩	60斤
黍　類	7反歩	2石4斗
稗	3反歩	8斗
芋甘藷	6反5畝歩	100貫目
蒟　蒻	6畝歩	50貫目
蕎　麦	1町歩	9石
菜　類	8反歩	1石5斗
野菜類	2反歩	150貫目
果実類	1畝歩	150貫目
林　木	2反歩	廻尺以上立木1500本
茶	2反歩	90斤
楮	5畝歩	50貫目
合　計	7町2反8畝歩	

被害人　佐藤忠作

表２　五木鉱山焼鉱烟被害調(2)

一総反別弐拾五町五反四畝六歩　五木村字板木中村久六外六人所有地
　但郡村宅地ヲ除ク外農耕地用

作付種類	年々作付地	煙害以前収穫高
粟	2町8反歩	21石
麦　類	3町5反歩	25石
豆　類	2町8反歩	12石
麻	2反1畝歩	210斤
煙　草	2反1畝歩	210斤
黍　類	2町8反歩	14石
稗	7反7畝歩	3石5斗
芋甘藷	3町5反歩	560貫目
蒟　蒻	2反8畝歩	280貫目
蕎　麦	3町5反歩	25石
菜　類	2町1反歩	4石
野菜類	6反3畝歩	630貫目
果実類	3畝歩	500貫目
林　木	7反歩　廻尺以上立木5250本	
茶	6反3畝歩	280斤
楮	3反5畝歩	210貫目
合　計	24町8反1畝歩	

被害人　中村久六　内村政平　上村銀作
白石松蔵　杉本傳八　杉崎覺平

まず佐藤家の被害調べを見れば、「農業人　佐藤忠作」とあり、「五木村字板木佐藤忠作所有地」として総反別四七町七反六畝一一歩の数字が記され、「粟、麦類、豆類、麻、煙草、黍類、稗、芋甘藷、蒟蒻、蕎麦、菜種、野菜類、果実類、林木、茶、楮」が七町二反八畝歩に作付けされている。これに対し、中村久六ほか六名分は「五木村字板木中村久六外六人所有地」とされて、総反別二五町五反四畝六歩、作付け作物名は佐藤家とまったく同じで、その作付け面積は二四町八反一畝歩という数字に及んでいる。

この数字から単純に計算すれば、ダンナであった佐藤家は所有反別の一五％ほどに作付けをし、その作付け面積は他の七軒の平均である三町五反の約二倍の広さに及ぶということである。それだけの焼畑やコヤシと呼ぶ畠（常畑）を耕作するならば手が不足するはずである。その部分を補うのがトウドであった。トウドとは焼畑用地をはじめとする耕地をダンナから借り受けるとその面積に応じて出役する労働賦役のことである。その年間日数は、貸借される土地に応じてほぼ決まっていたから、とくに事前の取り決めをしなくとも双方ともに了解し、ダンナは必要が生じた場合にトウドを申入れ、これに応じて仕事に出てくるとその分を記録したものであった。

つまり、貸借が金銭で精算されることは、そもそも現金自体があまり流通しなかった時代ではありえないことであり、トウドという労働と、そこから収穫された作物のうち一定の割合を提出すること（これを地初穂などとよぶ所があった）でなされたわけである。そして作物の出来が天候や年により左右されるとすれば、労働地代で返済を求めることがもっとも確実な方法であった。その労働使役が、一見すれば封建的身分秩序を思わせもしただろうが、それがどの程度の負担感を抱かせたか、断定することはむずかしい。それは後述する。

なお、「農業日誌」を残した忠氏の長男である現当主の正忠氏は、子供の頃に父親からトウドの依頼に使いにやらされたときには、「〇日にカセイ（加勢）を一人お願いします」と伝えるように指示されていたと言う。その指示について、正忠氏は、父はトウドを農奴がなまった言葉と考えていたのか、トウドと言わずにカセイという言葉を使っていたが、強制力を伴うトウドと自主的な援助であるカセイとではその意味内容は異なる、と解説されている。

また前出の表から判明するように、反別収量は全体に少なく、焼畑の生産力が低かったことを示しており、焼畑によって食料をまかなうには広い面積が必要であったことがわかる。

日誌から見た山の暮らし

さて、以上のような背景を理解したうえで「農業日誌」の内容を具体的に見ることにしよう。

佐藤忠氏記録「農業日誌」

この日誌は、大判の方眼紙に自ら罫線を引き、一枚に一月分を記述する表形式の縦書きであり、記述欄は上から期日・曜日・天気・旬別・予定農作業・農作業日誌・農業補助者の各項目からなる。ただし、十月からは研究事項欄が追加され、十一月以降は同欄が備忘録欄に変更されている。

日誌は昭和二十六年（一九五一）七月に始まり、翌年九月までの一五ヵ月にわたって記録されているのだが、これが記録された経緯は明らかでない。ただ次にふれるように、佐

図35　佐藤家を遠望する　写真中央（五木村坂木，1996年8月）

藤氏は昭和二十六年七月二十日から五木村農業委員会委員長に就任していることと関係がありそうに思われる。またその任期中の昭和二十六年十一月に熊本県庁に赴き県農業改良普及員採用試験を受け、翌年四月に発令され、五月からその実務に従うようになるが、それに備えた研究記録にしようとする考えがあったのかもしれない。実際、日誌の体裁や記述の項目等からすれば、そうした推測ができそうに思えるが、同時に佐藤氏が新たな農業生活を切り拓いていくための研究資料にしようとしたようにも考えられる。

佐藤家について

佐藤忠氏は、明治四十年（一九〇七）八月四日、五木村板木の佐藤家に父貢、母リサの長男として、四歳年上の姉に続いて誕生した。さらに四つ年下の弟、七歳下の妹、十一歳下の弟の五人兄弟であった。熊本県立球磨農業学校に進み、大正十四年（一九二五）、同校を卒業後は五木村に戻り農業に従事する一方、球磨郡農会技手、熊本県農林技手などの職に就き、戦後は五木村農業会理事を務めた後、前記のとおり五木村農業委員会委員長に就任、さらに熊本県農業改良普及員（五木村担当）となり、昭和二十七年（一九五二）五月から当時の川村（現・相良村）にあった事務所に通う生活に入ったが、なお家の農業にも積極的に関与していた。日誌はちょうどその頃に書かれたものであり、農業に未来を託そうとする姿勢が窺える。

その後、昭和三十八年五月一日に第二十代五木村長に就任し、同四十二年四月三十日まで務めた。就任して間もない昭和三十八年八月には、横手集落全滅、死者行方不明者一一人、流出全壊家屋一四三戸、被害総額約三四億円に及ぶ大水害に襲われ、翌三十九年八月には台風一四号により、さらに四十年七月には集中豪雨により、連年水害に襲われ続けた。そのため、佐藤村長は別名、水害村長とも呼ばれた。その水害をきっかけにして四十一年には建設省が川辺川ダム建設計画を発表し、以後現在に至るまで五木村はこのダム計画に翻弄されることになった。言ってみれば、戦中戦後の森林過伐が引き起こした水害の処理とその復旧に追われた村長時代であったが、それは五木村が大きな転換期にさしかかっていた時代でもあった。

日誌が書かれた当時の佐藤家は、忠氏（当時四十四～四十五歳）のほか、妻（三十四～三十五歳）・母（七十一～七十二歳）・いとこ（父の妹の息子。耳が不自由なため忠氏宅に住まいし、農作業の中心的役割を担った。六十～六十一歳）の大人四人に、長女（十四～十五歳）・長男（十二～十三歳）・二女（十一～十二歳）・二男（八～九歳）・三男（五～六歳）・四女（一～二歳）の子供六人、さらに忠氏の父親の小学校時代の恩師が同居するという一一人家族であった。

また、日誌には親戚関係者をはじめ、コバ地や茅を切る立野《たての》を借りている者などの氏名が登場する。とくに農作業補助者として名前が挙るのはそうした土地の貸借関係のある人たちが多い。これに関連して記憶に留めておくべきことは、ダンナ家にはニシャとかメローと呼ぶ若い奉公人があったとされるが、その存在はここには認められないことである。

佐藤家の耕地の状況

佐藤家が所有する耕地は、焼畑用地も含めて南面して日照がよく、また石灰石土壌の土地が多かった。石灰石土壌は農作物がよく出来ると評価が定まっていた。そのため八原岳を越えた向う側の八原集落から焼畑を借りに来る者もあった。またコヤシはあっても山をあまり持たない頭地《とうじ》周辺のダンナ家や農民が借りに来る場合もあった。

佐藤家には明治時代の作と推測される板木を描いた絵地図が残されている。その地図には板木掛《かかり》と表記され、隣接地区との境界や道・小地名が記入されている。日誌に登場する地名は表に整理した通りであり、一一を数える。このうち、手清水は地図では戸石水と記されている。その場所は現在の屋敷地に隣りあう場所で、清水が豊かに流れており、その清水に因んで命名されたものと推測される。しかし、その表記が異なる理由ははっきりしない。

表３　コバ経営類型区分表

経営方式 ＼ 所有形態	個　人	共　同
ダンナ有	ダンナ型	
ムラ共有	個人競争型	シュギヤボ型
組共有	ワリコバ型	共同経営型
個人有	個人経営型	……

図36　板木のお堂　薬師像をまつる（1996年８月）

また地図には、「松形地頭渡」「松形平民」などの記載があるように、土地が地頭（すなわちダンナ）と平民（すなわち一般農民）に区分されていた様子を窺わせている。そうした表記はこのほかにもあり、「平民地割」との表記も見える。銅山の煙害に関する被害調べの書面がダンナと一般農民の二通作成されたのは、こうした土地所有事情に応じたものと考えられる。

これに加えて日誌には、「中村清蔵仲間」と表記される土地が現われる。中村清蔵は板木の住民であり、仲間を募って共同して焼畑耕作を行ったものである。これにダンナ家である佐藤家も一枚加わっているわけである。こうした焼畑経営をさし示す言葉には、シュギヤボとかワリコバなどがあるが、この場合はどれに相当するかははっきりしない。それはその土地の所有関係により左右されるからである（表3参照。拙著『変容する山村―民俗再考―』一九九一年、収載）。

佐藤氏の居宅は標高おおよそ二五〇㍍ほどの所にあり、日誌に登場する耕地のうちもっとも高所に位置する「あかんた」や「だいら」は七〇〇㍍前後にも及ぶ。したがって家から耕作に赴くには、上り坂でもあり片道二時間ほども要するという。そのため作業の便を考えた山小屋が「あかんた」や「中尾」に設けられていた。その小屋の修理は毎年の仕事になっていた。しかし奥山まで出かけることはなかったから、いわゆる出作り小屋をつくることはなかった。五木村北部の下梶原や空舎にはそうした作小屋（サエ小屋と呼ぶ）が作られ、春から秋にかけて年寄りを中心に生活が営まれてきた。板木周辺でそうした構えを必要としなかったのは、山の深さと広さの違いによるものであったと思われる。したがって、ひとくちに五木村の焼畑といってもひと括りできるほど単純なものでもなかったのである。

地図には人家も示されている。人家は二ヵ所に描かれ、一つは板木、一つは茶えんと表記されている。現在、佐藤家が所在するのは茶えんであるが、薬師堂をはじめ板木集落の民家の多くは板木にある。佐藤家の家伝によれば、屋敷地はもと板木にあったものが、あるとき山の上から大石が転がり落ち、危険を感じたため現在地へ屋敷を移したという。その時代については明瞭にならないが、現在の屋敷地に隣接する墓地に残る最古の墓石が一七〇〇年代後半であるから、おおよその頃でなかったかと推測される。なお、このときには、丈夫な石垣を築くべく、当主と板木の住民はわざわざ熊本城の石垣を見学に行き、武者返しを参考にしたと言うが、確かにその面影は現在の石垣に残されている。この転居に伴い、板木から佐藤家の名子二軒も移転したという。したがって、板木は一つのむらと

計表（1951年〔昭和26〕7月～52年6月）

1　月	2　月	3　月	4　月	5　月	6　月	小　計
	麦追肥,中耕 4 麦 中 耕　2 麦追肥，踏 2 楮 切 り　2		麦 除 草　4 里 芋 植　2 麦除草，里芋植 2		麦 刈 り 2 藷　植 2	A:8 B:28.5 C:35.5 D:10 E:(1) F:4
	10		8		4	86(1)
		山小屋作り　2		麦 除 草　2 黍 播 種　4	麦 取 り 2	A:12.5 B:35.5 C:39.5 D:3.5 E:(2)
		2		6	2	91(2)
		山小屋修理　3 クヌギ植　3	杉 植 林　6 同　(4)	茶 摘 み　13	麦 取 り 3 ナンバ植 1	A:9,D:3 B:29.5 C:26,F:4 E:(4)
		6	6(4)	13	4	71.5(4)
	楮　切　2	クリ植付　3 クリ補植　1			粟 ま き 4	A:6.5 B:12.5 C:9,F:3 D:4.5
	2	4			4	35.5
茶実播種地整理 1 茶実・楮苗・クヌギ植付　1 楮・茶実播　1.5	麦 追 肥　2				藷 地 拵 4	A:10 B:4.5 C:5.5 D:4.5 F:4
3.5	2				4	28.5
	楮 切 り　2	クヌギ苗移植 3				A:3,C:6 B:7.5 D:2.5 E:(1)
	2	3				19(1)
				茶 摘 み　12		B:9 C:9
				12		18

表4　熊本県五木村板木　佐藤忠氏記録農業日誌にみる月別労働日数集

区　分	7　月	8　月	9　月	10　月	11　月	12　月
田口コヤシ	大除草 5 里芋除草 3 大播種 4 同 (1)	玉蜀黍除草 3 玉蜀黍追肥 3 大根播種 5 大除草 2 里芋除草 2 大・藷除草 2	大根・藷除草 2	里芋除草 3 蒟蒻収穫 1	玉蜀黍跡地耕起 3 藷掘り 9 里芋収穫 3	大打ち 2 整地 2 大根収穫，麦播種 3 麦播種 6 茶実拾い 1
延人日	12(1)	17	2	4	15	14
中　尾	粟まき 9 大播種 10		粟除草 2 粟・大除草 2 番茶つみ 3	麦畑切 21	粟刈り 8 粟運び 3 ヤボ焼き 1.5 粟運び (2)	大打ち 3 裸麦播種 10 オ播種 1.5 エ・オ播種 2 茶実播種 3 茶実・エ播種 2
延人日	19		7	21	12.5(2)	21.5
あかんた	粟まき 5		粟除草 4 陸稲除草 4 猪カジメ 2	麦畑切11.5	黍刈り 3 粟刈り 3 陸稲・ナンバ刈 2	ナンバ打 1 きざらい 2 オ播種 3 オ播，野起 2
延人日	5		10	11.5	8	8
くしぎ		ソバ畑切 6 ソバ畑焼 1 ソバまき 4		ソバ刈り 2	ソバ刈り 4 ソバ打ち 8.5	
延人日		11		2	12.5	
手清水	藷植 3.5	藷除草 5 大根畑焼 0.5		茶樹移植 0.5 蒟蒻収穫 1	藷収穫 3.5	小麦播種 2 茶実播種地拵 3
延人日	3.5	5.5		1.5	3.5	5
山の口	筍取り 1 粟まき 5 同 (1)		粟除草 4		粟刈り 3 粟取り 1	
延人日	6		4		4	
だいら	小豆播種 2		小豆除草 2		小豆ちぎり 2	
延人日	2		2		2	

1　月	2　月	3　月	4　月	5　月	6　月	小　計
					麦刈り 2	A:1.5 B:4,C:4 D:0.5
					2	10
				黍播種 2		A:12 B:1,C:2 D:4
				2		19
						A:4,B:1 C:1,D:3 E:(1)
						9
			草刈 1 同 (1)	蒟蒻畑耕起 4 蒟蒻畑植付 3 茶摘み 4		A:2,B:4 C:4,D:2 E:(1)
			1	11		12
楮切り 1 茶実拾い 1 同 (1)					茶園刈込 1	A:4,B:3 C:2,D:3 E:(1)
2(1)					1	12
牛糞出し 1 栗ちぎり 11 栗あやし 8 苗木抜取 1 茶摘み 1	楮切り 3.5 栗あやし 7 木灰フルイ 0.5 牛糞出し 0.5 野菜畑手入 2	蔬菜園石垣修理 1 茶柴取り 4 杉苗取り 2 クヌギ苗取り 2 クヌギ移植 1 ナラ掘取り 1 子牛運動場作り 1 楮蒸し 3	藷植え 3 茶柴伐り 4 茶柴運び 3 蒟蒻畑打 4 ナラ・茶・楮植替 1 ミツマタ播種 1 玉蜀黍播種 1 牛糞出し 1	茶摘み 6 茶さばし 5 茶煎り 1 ゴボウ播種,麦手入 1 牛糞整理 1 蒟蒻畑除草 1	麦こぎ 5 麦取り 2 茶仕上げ 5 蒟蒻除草 1 藷植え 2	A:38 B:32 C:39 D:41.5 E:(2) F:6
22	13.5	15	18	15	15	156.5
		栗あやし 8 栗ちぎり 3				B:1 C:13
		11				14
	採取 1 原木伐 2	収穫 2 原木伐 1 採取 1 伏込 1	採取 1 原木伐 2 菌糸打込 2 積込 2	菌糸打込 1 採取 1		A:30.5 B:3.5 D:5
	3	5	7	2		39

区分	7月	8月	9月	10月	11月	12月
柿山			麦ヤボ切 5			きざらい 1 裸麦播種 2
延人日			5			3
屋敷上	雑草切払 1 藷植 2 キジ豆播種 1	茶園除草 6.5	茶園刈込 1 茶樹移植 2.5	茶樹移植 2	茶樹移植 1	
延人日	4	6.5	3.5	2	1	
屋敷下	クヌギ・ナラ苗床草取り 1 茶実播種 1 玉蜀黍除草 1		白菜・人参手入れ 2		畑打 3	茶実播種，移植 1 同 (1)
延人日	3		2		3	1
屋敷						
延人日						
その他	茶除草 1				小麦播種 4	裸麦播種 4
延人日	1				4	4
地名記載なし	オ焼き 4 麦こぎ 3 蒟蒻除草 7 里芋除草 1 クヌギ苗床除草 1	麦調整 12 玉蜀黍除草 1 牛糞出し 0.5 白菜播種 1.5	鹿垣作り 1 牛糞出し 1 山道切 2 茶摘み 3 蒟蒻追肥 1 小麦稈乾燥 1 菜物播種 2	茶摘み 1 蒟蒻収穫 1	堆肥積替 2 麦畑焼 1 小豆あやし 1 蒟蒻収穫貯蔵 1 茶樹移植 1 柿台木移植 1 里芋収穫 1	藷あげ 1 栗ちぎり 4 古茶摘み 1
延人日	16	15	11	2	8	6
中村清蔵仲間		麦調整 1			粟刈り 2	
延人日		1			2	
椎茸関係		榾起し 3.5 同 (1)	榾起し 11.5 同 (4) ナメクジ駆除 1 積込み 2	原木打木 1 採取 1	採取 2	
延人日		3.5	11.5	5	2	62.5

1　月	2　月	3　月	4　月	5　月	6　月	小　計
27.5	32.5	46	40	61	36	621
タブシバ取　20		山竹伐　1 メゴ作り　1				A:3, B:12 C:6, D:7
20		2				28
粟つき　4 障子洗い　1	精白(精米所)　1.5 餅つき　1.5 豆腐作り　1	薪取り　1 豆腐作り　1	薪伐り　2.5 薪おとし　2 薪運び　11 薪積み　2 たかな漬　2			A:8.5 B:10.5 C:17 D:14
5	4	2	19.5			50
小学校整地　1	茶接待　1 かづら取り　2 加勢　1 屋根ひき　1 屋根くづし　2 部落萱運び　2	屋根替え　8 立野焼き　2 棟つつみ　1		丁場道作り　1		A:7 B:13 C:3 D:14
1	9	11		1		37
26	13	15	19.5	1	0	115
53.5	45.5	61	59.5	62	36	736
(0日) 0	(3日) 6	(4日) 8	(6日) 12	(19日) 56	(9日) 23	(68日) 190
53.5	51.5	69	71.5	118	59	926
26 (5)	14 (2)	7 (4)	8 (5)	4 (2)	0 (0)	115 (54)

こ，C＝母，D＝妻，E＝子どもたち，F＝氏名記載なし．

区　分	7　月	8　月	9　月	10　月	11　月	12　月
計	71.5	59.5	58	49	77.5	
雑仕事					カゴ作り　1 山芋掘り　1	テゴ作り　1 タブシバ取　3
延人日					2	4
家庭生活		盆買物　1 油しめ　1 同　(1)	ふとん手入　2 薪運び　2	味噌つき　4		薪取り　6 障子はり　3.5
延人日		2	4	4		9.5
村仕事・加勢		部落道路補修　1 加勢　1 茶接待　1	加勢　2 見舞　1 (便所作り)	加勢　3 丁場道作り　1 茶接待　1	村の麦畑焼き　1	部落屋根萱切り　3
延人日		3	3	5	1	3
計	0	5	7	9	3	16.5
合計 (家内労働)	71.5	64.5	65	58	80.5	79
補助作業者 延人日	(7日) 22.5	(6日) 11.5	(0日) 0	(2日) 10	(2日) 5	(10日) 36
合計 (全労働量)	94	76	65	68	85.5	115
休み (理由付き)	2 (2)	13 (13)	17 (6)	13 (11)	4 (1)	7 (3)

略号・記号説明：大＝大豆，藷＝甘藷，エ＝エンドウ豆，オ＝大麦．A＝忠，B＝いと

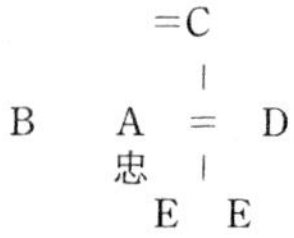

して存続してきたものの集落は二ヵ所に分散してきたと言ってよい。

もう一点ふれておきたいことは、山の口近くに「山神」と記されていることである。これは焼畑に関係する山ノ神と限定されるわけではなく、この近くを通るごとに参る性格の祠であった。そうした祠が山の中の各所に見られたのである。

日誌に見る労働内容の集計

日誌記載の仕事を耕地別・月別に整理すると表4のようになるが、ここから読み取れることがらをいくつか拾ってみよう。

〔田口コヤシ〕　頭地の上手の田口に所在するコヤシである。コヤシとは常畑をさす。五木村の耕地形態は、水田（タンナカ）・常畑（コヤシ）・焼畑（コバまたはヤボ）の三つが基本で、これに蔬菜園（サイエン）が加わる。年間の労働総日数六二一延人日のうち八六延人日を数えて一三・八％を占め、中核的なコヤシになっている。最も多くの労働を要したのは十一月の甘藷掘り（延九人日）であり、繁忙期は七・八月（除草）と十一・十二月（収穫）、二・四月（麦関係）となっている。年間を通してみれば、常畑ゆえの忙しさが目につく。とくに除草と麦栽培にかかわる仕事となって現われている。そこから言えば、このコヤシは麦畑と考えられており、その裏作に大豆・里芋・大根・玉蜀黍・甘藷など色とりどりの作物が作付けされてきたといえる。また主なる働き手は母親といとこにあることも注意される。

〔中尾〕　コバとコヤシの両方があった。年間の労働力投下に占める割合は一四・七％と最高を示し、重要な役割を担ったことがわかる。七月の大豆播種《はしゅ》と十二月の裸麦播種がそれぞれ一〇延人日を要して最高値を示し、七月（播種）と十月（麦コバ切り）、十一・十二月（粟収穫、麦播種）がとくに繁忙期になっている。麦畑切りと表記されている通り、ムギコバとして使われたが、その前年には粟も作られている。ムギがコバで作られるのはムギコバの初年次だけだから、この場合の粟はコヤシか別のコバで作られたとみられる。一部コヤシにもなっているように、良質かつ中核的な耕地になっていたと言える。

〔あかんた〕　十月にムギコバが切られているようにコバである。七月の粟播種はこのムギコバとは別に開かれたコバになされたものと思われる。年間の労働力投下に占める割合は一一・五％と高い割合を示す。五月の茶摘み（一三延人日）、十月の麦コバ切り（一一・五延人日）といったところが多くの労働力を必要としたが、年間を通して九～十二月が除草・コバ切り・収穫・播種などの仕事で、また五月が茶摘みで忙しくなっている。これらの状況からして、コバのもつ性格がもっともよく反映している耕地だと言える。粟や黍の栽培のほか、植林も見られる。山小屋が作られていること、猪を近づけないための猪カジメが見られること、さらに陸稲が作られていることなどは、この「あかんた」のもつ特徴として注意される。

〔くしぎ〕　ソバコバの典型と言ってよい利用が見られる。八月にコバ切り・コバ焼き・ソバまきがなされ、十月から十一月にかけてソバ刈りとソバ打ちが見られる。正確に言えば、コバ切りは八月五〜七日の三日間、コバ焼きは十四日に、ソバまきは二十一・二十二日に行われ、十月三十日、十一月一・二日にソバ刈り、十一月六日と十日にソバ打ちがなされている。ソバは種まきから七十五日目の夕食に間に合うと言われるほど栽培期間が短いが、それとほぼ一致する日数である。これらの仕事に投下された労働量は二五・五延人日であり、ソバコバが何枚つくられたかは不明だが、これだけの労働量でソバコバは賄えたことになる。年間の労働力投下に占める割合は五・七％であり、その点では除草に忙しく時を奪われるコヤシの労働量よりもコバは少ない労働量で足りるということになろうか。そして六月には二年目作の粟まきがなされている。なお、三月にクリの植付けや補植がなされているが、これは新しい動きである。クリは戦前には五木の名産であったが、枕木に伐採されたり、クリタマ蜂のために全滅した。そのクリの復活を期す動きとして注目される。

図37　戸清水から道路端に引き出した清水　佐藤正忠氏作（1996年8月）

〔手清水〕　ここに登場する作物名は多様であり、また年間を通じて労働量が平均している。屋敷地にごく近い場所にある関係からか、サイエンのような役割を担ったコヤシという位置づけの耕地と見られる。ここでは忠氏が一〇延人日と中心的な働き手になっているが、何かと家の外向きの仕事に時間を割かれる関係上、自宅から近いここが、後にふれる「屋敷上」と並んで忠氏の主な働き場所であった。

〔山の口〕　粟が栽培されているところから、アワコバまたはソバコバかムギコバの二年目と見られる。仕事は七月（粟まき）・九月（粟除草）・十一月（粟刈り）に集中しており、コバサクの仕事のありさまをよく示している。

〔だいら〕　アズキが作られているところから、二年目か三年目のコバと見られる。また五月の茶摘みに一二延人日と多くの労働が施されているのは、コバ地にかなり茶が出てきたことを示していよう。ここには焼畑で生産された換金性の高いアズキと茶が見られて、焼畑がもつ商品作物栽培の特徴をよく示している。なお、当時はアズキ一升が白米一升と交換できたという。

〔柿山〕　ムギコバである。日誌への記入もれもあるのかもしれないが、労働量が驚くほど少ない。後にふれる補助者の助力もあるものの、全体にコバサクに要する労働量の少なさを物語っているようである。

〔屋敷（屋敷上・屋敷下を含める）〕　手清水の上手に位置するが、茶園造成がなされたり、サイエンのような利用、また換金性の高かった蒟蒻の栽培などがなされている。労働の中心を担ったのは忠氏であり、さきの手清水と同様の事情があったものと思われる。ついでに言えば、この屋敷に限らず焼畑を中心とした従来型の農作業は母親といとこが担い、新しい換金性の高い作物栽培に関しては忠氏が中心になり、妻は両者を補う形で、大筋としては労働配分がなされていると言ってよい。

〔地名記載なし〕　年間の労働力投下に占める割合は二五・二％と最も高率であるが、詳細は不明。七・八月の除草や麦関係の仕事、一・二月の粟収穫や調整、四月の茶柴取りなどの仕事に多くの労働が注がれていることが目立つ。

休みと労働力の確保

日誌に休みと記載されている日は年間で一一五日に上るが、そのうち休みになる理由（祭りなどの行事やヨケイなどとよぶ休息日）が明記されているのは五四日に過ぎない。実際、休みとされながらもなにがしかの仕事が行われていることは少なくない。だから休みとあってもそれが直ちに休養日であったと即断することはできない。

そのことを承知した上で年間の休みの配分・分布を確かめるならば、季節的に大きな偏りが存在することが分かる。つまり春から夏にかけて（五〜七月）と秋（十一・十二月）の少なさが際立っている。これを家内労働力と作業補助者による労働力を合せた全労働量から見れば、五・七・十一・十二月が繁忙期となっている。五月は茶摘み、七月はさまざまな作物の除草、十一・十二月は種々の作物の収穫・収納作業が忙しさをかきたてていると見られる。作業補助者に依存する労働量が多い月は、五〜七月と十二月であることも、この時期が年間でもっとも多くの人手を必要としたことを裏付けている。

作業補助者が実際どの仕事を担ったのか、日誌の記述から正確に読み取るのはむずかし

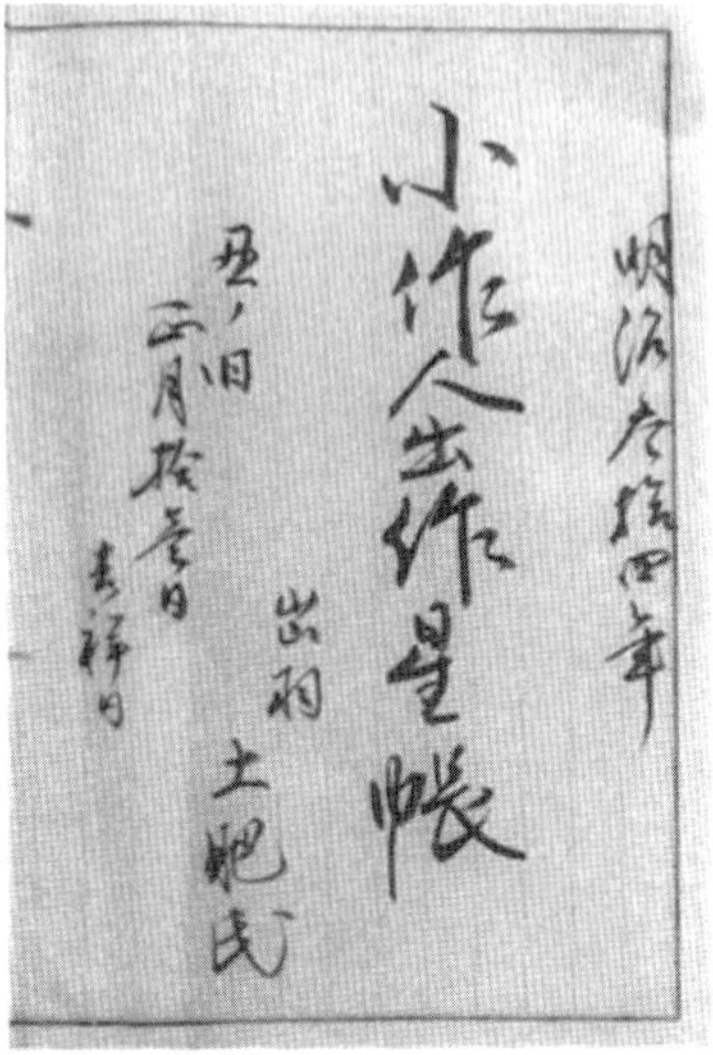

図38
トウド帳の一例　五木村出ル羽の土肥家所蔵（1995年８月）

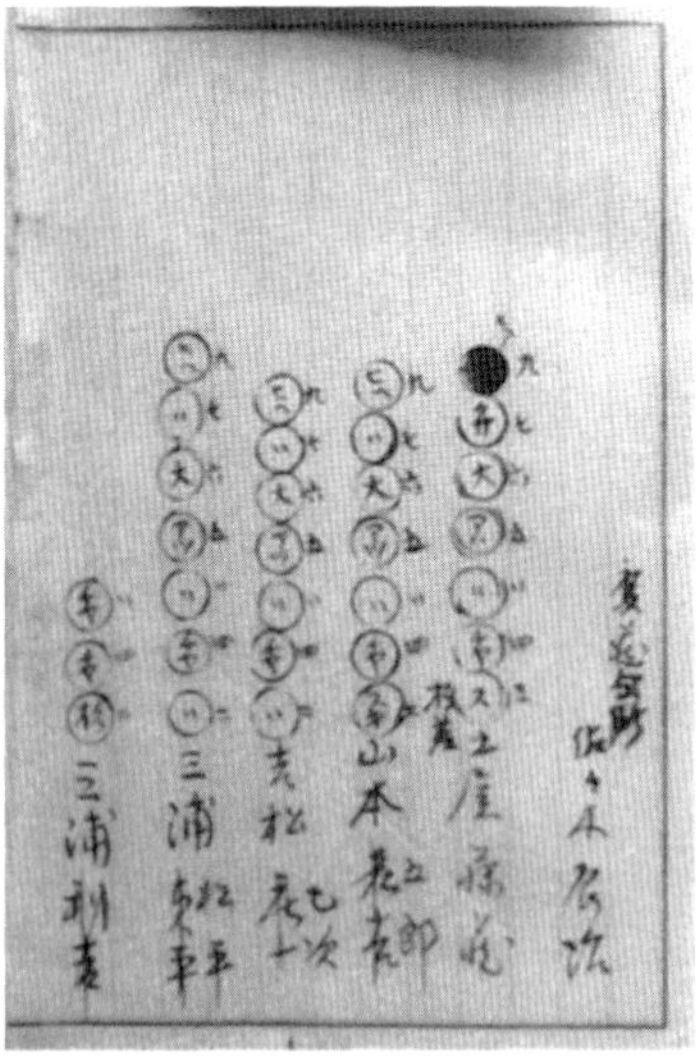

図39
トウド帳　作業者名と作業内容を記録する（1995年８月）

い。しかし、その日に行われた仕事が限定されている場合は、その仕事に家内の者と共に従事したものと見てよいと思われる。そうした前提に立って仕事を拾ってみれば、五月は茶摘みなどの茶関係の仕事・蒟蒻畑耕起・きび播種、六月は茶仕上げ（これは技能をもつ者に特別に依頼し、トウドではない）・麦刈り、七月は粟や大小豆の播種、大麦焼き、大豆の除草、十二月はコヤシの耕起と麦播種となっている。

その多くはトウドにより担われているが、そのほかに親戚等によるカセイ（加勢）、また茶仕上げのように技能をもつ者を雇う場合も含まれている。トウドの場合は、朝ヨケ・昼ヨケといい、イモ（里芋）・カライモ（甘藷）などのおやつを提供するだけであるのに対し、カセイに対しては焼酎をつけて夕食をもてなして、その労働に報いることになっていたように、両者の扱いは違った。

トウドに関連して考えておかねばならないことは、たとえば茶摘みのように僅かの期間に集中して摘んでしまわなければ茶葉が成長して硬くなり摘みにくくもなるし、質も落ちるというような仕事の事情である。まさに猫の手も借りたい時期であるのだが、その事情はダンナ家だけでなく一般の農家でも変わりがない。そこへトウドの要請があれば、自家の茶摘みはさておいても駆けつけねばならない。その時の気持ちはどんなであっただろうか。「ダンナは忙しいときばかりに仕事を言いつけてくる」といった農家の反応は、話を聞く範囲では一般的であった。そこにダンナ家へ寄せる屈折した思いが生み出される理由も潜んでいたと言ってよいだろう。しかしそのことはダンナ家も十分承知し、配慮しつつ仕事を頼んでいたのである。佐藤家では、茶摘み時は茶煎りをすれば午後八時頃までかかるので、トウドの者にも焼酎と夕食を用意していたという。

つまり、ダンナ家の経営はその規模からしても家内労働だけではまかなえず、トウドに依存したところではじめて成り立っていたのである。ダンナ家とむら人との関係はその点で相互依存的であったと言ってよいだろう。だから焼畑耕作が終息し、むら人がダンナ家から林地を借用せずに自立した暮らしの設計図が描けるような時代になれば、ダンナ家がダンナであり続けることは、多くの場合むずかしくならざるをえなかったのである。

佐藤氏の生き方

佐藤忠氏が記録した「農業日誌」の内容を分析し検討してきた。広い山の各所に何枚もの焼畑をひらき、またコヤシにさまざまな作物を作付け、多様な労働が展開されてきたと言える。また家作りに見られるようにむら人の協同により支えられてきた暮らしの部分も大きい。加えて、ここには戦後の新しい空気が流入した村のなかで、従来の暮らしの上にいかに新しい生活を展開していくかという課題に心を砕いていた姿勢が表れているように見える。一言で言えば、新しい希望のある山村生活の建設と言ってよい。その具体像を描くべく、佐藤氏は茶・椎茸・蒟蒻、そして杉の植林に取り組んでいる。旧来のコバやコヤシにおける自給的食料生産は母親やいとこにその多くの部分をゆだね、自身は換金性の高い作物の育成に将来を賭けようとしているように見える。茶実を拾い、茶樹に仕立てて移植して茶園を造成しようとしていることも、楮《こうぞ》に加えて三椏《みつまた》の植栽を試みようとしていることも、その現れと言ってよいのではなかろうか。

日誌を読んで心に残るのは、中学生や小学生の子供たちも積極的に仕事にかかわらせていることである。また幼い子供を連れて山に出かけてもいる忠氏の働きぶりである。たとえば、昭和二十六年（一九五一）八月二十五日には「正忠、正和と芝　上（神カ）様上椎茸榾起し」、翌二十六日には「正昭と芝上様上椎茸榾起し」とあり、椎茸の榾《ほた》起こしに子供を伴っている。椎茸の仕事では、翌年四月十六日に「椎茸原木菌糸打込みのためあかんたに正昭と行く」とあり、菌糸打込みにも連れて行っている。あかんたまでは大人でも二時間前後かかる道のりであるが、そこを正昭という当時五、六歳の三男を伴っているのである。また十一月二十五日には、「正忠、正和、正美、茶実拾いに田口コヤシに行く」とあるが、これは子供たちだけの行動になっている。四月二十八日に「茶摘みはじめ（子供四人にて〉」とあるとおり、子供の労働も当てにされていたのがわかる。そのように仕事を任せることをとおして、忠氏は新たな仕事を切り開こうとする姿勢を子供たちに示そうとも考えていたのではないだろうか。

もう一点指摘しておきたいことは、十一月十六日に熊本県庁において農業改良普及員採用試験が行われ、そのために十五日に家を出ているが、その前日の十四日に「熊本行準備山芋掘りに行く」と記されていることである。これは熊本市内にある妻の実家や縁者へのみやげとされたものであるが、町へのみやげが山から掘り出されて運ばれて行くところに、山の暮らしの健やかさが顔を覗かせているように思える。山がはぐくむ力を満身に受け止めて生きる方向をめざそうとしていた。そんなふうに言ってよいような志向性が日誌からは感じ取られる。

その大らかな暮らしぶりは忠氏の日常行動にも表れている。たとえば、昭和二十六年七月八日から九日にかけて、日誌のその他の欄は次のように記述されている。「土肥政人氏と焼酎持参、田山龍生氏宅訪問、終日会談し二人田山氏宅へ一泊」（八日）、「午前九時土肥政人氏と田山氏宅出発。二人尾方早人氏宅にて会談し、午後公民館審議会へ出席。午後七時帰宅」（九日）とあって、焼酎を飲み、語り合い、そのまま泊まり、翌日また人を訪ねて語り合う、というように実にゆったりと人と時を過している様子が窺える。佐藤氏の家から田山氏宅までは歩いても三〇分はかかるまい。その短い距離にありながらも、遠方の白岩戸から姿を見せた土肥氏とともに泊まり込んでいる。人づきあいの濃密さが偲ばれもするが、その人と語り合う時がまた至福のひとときであったに違いない。そうした行動を忠氏はしばしば見せている。十二月三十日には、「忘年会準備のため中尾柿山よりタブ柴取りをなし百四拾貫取る」とあり、翌大晦日に近所の二軒の家族を招いて忘年会を開き、この年を締めくくっている。山の物を取って忘年会費用を捻出する。それは山がまさに宝の山のような豊かな世界であったことを語っているようである。その上に暮らしは成り立ってきたと言えるだろう。

しかしその傍らで、そうした生き方を否定するような動きが現われつつあった。それは、まちに電力を提供するためのダム建設計画の勃発であった。

山を生かす道

下頭地ダム

昭和二十八年(一九五三)、電源開発株式会社による下頭地ダムの建設計画が持ち上がった。そして同年二月から調査が開始された。五木村には昭和二〜三年に、日窒(現・チッソ)が竹の川や頭地に発電所をつくったほか、九州電力も昭和十二年逆瀬川《さかせごう》に、十五年に平野に発電所を完成させていた。だがそのためにつくられたダムは発電用水を確保する小規模なものであり、河川や住民に与える影響は大きくなかった。

これに対して下頭地ダムは村の中心地を沈める計画内容であった。五木村議会は昭和三十一年一月二十四日に「下頭地ダム建設反対」を決議し、さらに翌年三月には村長と村議会議長の連名による建設反対陳情書を、全村民連署を添えて熊本県知事に提出した。

陳情書には、

我が国の工業の発展につれ電力の需要が如何に増大されようとも憲法に保障された基本的人権を侵害されその犠牲となり我々の祖先が営として創りあげた七〇〇年の伝統ある墳墓の地を湖底に沈めこの地を去るなどと云うことは夢にも考える事が出来ないばかりでなく我が五木村を去って現在以上の安定した経済生活が出来る集団移住地があるなどとは到底考えられぬものであります。（旧かな使いを改めた）

と述べられ、故郷を追われることに強く反対していた。こうした全村民一致した反対表明と地質条件の悪さからこの計画はついに実現しなかった。

川辺川ダム建設計画

その後、昭和三十八年（一九六三）八月の大水害をきっかけにして、このダム計画は発電用から防災を主目的に農業灌漑と発電も行う多目的ダムへ、またダムサイト建設地を相良村藤田に移すという新たな構想に装いを改めて、昭和四十一年に建設省から発表されるところとなった。それは当初、相良ダムと呼ばれたが、事前に地元への相談はなかったらしく、その計画に県も村も慌てたという。同年七月五日付けの「熊本日日新聞」は、こう書いている。

ダムは高さ百メートル、堤上延長三百メートルで貯水量は約一億トン。これによる水没面積は約三百ヘクタール。工費約二百億円。用地買収、補償費などを含めると総計三百億円になろうといわれる。この計画内容は地元にこれまで知らされないまま進められてきたが、最近の報道でこれを知った五木村では大あわて。（中略）五木村では相良ダムができると村の中心部の頭地地区の民家、役場をはじめ約四百五十戸が水没するという。村の総戸数約千二百戸の三〇％が水没しては立村計画も成立しないことになる。したがって過去の連年災害から立ちあがるためにもまず五木村を災害から守ることを考え、ダムはそのあとで計画してほしいと言っている。

そして、その時村長の職にあった佐藤氏の「災害復旧を急いでほしいと地元民は真剣だ。村民の不安をなくすような親切心があってよいではないか」というコメントを載せている。五木村議会は、七月十四日の正式発表から一〇日とたたない七月二十三日に、ダム建設反対を決議した。佐藤村長は、昭和四十七年七月に六五年に及ぶ人生をとじたが、生前、「ダムは村民みんなが反対したら建設できないだろう。しかし村民が分裂すれば建設されるようになる」と口癖のように長男である正忠氏に語っていたという。

ところで、相良ダムの名称は後に川辺川ダムへと変えられた。その経緯ははっきりしな

図40
ダム建設に伴い廃校になった相良村立野原小学校跡地
（1996年11月）

図41　盆の精霊送り　供物を川辺川へ流す．今は人家のない五木村清楽で
（1979年８月）

いものの、その内容はダム堤高一〇七・五メートル、堤頂長約三〇〇メートル、総貯水量一億三三〇〇万立方メートルのアーチ式コンクリートダムで、洪水調節、流水の正常な機能の維持、灌漑及び発電を目的とする多目的ダムとする計画になっている（建設省川辺川工事事務所発行パンフレットによる）。このダム建設計画に反対を掲げた五木村地権者協議会は、昭和五十一年四月から六月にかけて、基本計画取消請求外二件の訴訟を起こした。

　他方、昭和五十六年四月二十九日には条件付き賛成の三団体が補償基準に妥結し調印した。そうした動きを受けて、昭和五十七年一月、当時の黒木俊行村長はダム建設受入れ容認の所信を表明し、村議会も引き続いて三月に反対決議を取り下げることになった。そして翌五十八年三月、地権者協議会は「損害賠償請求訴訟」を、さらに五十九年四月には残る訴訟も取り下げ、ダム建設に合意をした。

　計画発表以来一八年を経て、ダム建設に向け大きく動き始めたと言ってよい合意であった。しかし、五木村から反対を唱える声が消えたと言ってよい現在になって、このダム建設計画の必要性を問い直したり、反対を唱える声が下流域の人々からあがっている（福岡正賢『国が川を壊す理由』一九九四年）。

川辺川ダムに限らず、ダム建設に対する疑問の声は年ごとに高まりを見せている。川は流れてこそ川であり、それを堰き止めれば本来の性質は損われる。かつて山のむらの人々は流れる川に寄り添いながら暮らしを立ててきた。奥山から伐採した木材を運び出すにも川は大きなはたらきを発揮した。それは川により山のむらが下流の里と堅く結びついていたことの証明でもあった。しかし現在では、川漁師の活躍などを除けば川とかかわって生きる人々の姿は消えつつある。そのことが川に対する流域の関心を低下させる理由になり、さらにはダム建設を容認する下地にもなっているように思える。

住民の思い

さまざまないきさつがあるにせよ、五木村の人々が結局ダム建設を容認していったということは、何を物語っているのだろうか。つまり、焼畑に依存する生活が続く時代に沸き起こった下頭地ダム建設には強く反対を唱えていたものが、焼畑終息後に発表された川辺川ダム建設については、当初の反対にもかかわらず、これを受け入れる方向に進んだ背景にはいったい何があったのだろうか。ダム建設容認という事態を五木村の人々が選び取った生き方であるとするならば、その選択はいかになされたのだろうか。その選択は従来の山の生き方の廃棄なのか、それともそこからの脱却を意味しているのだろうか。

ところで、五木村の人々は自らの山の暮らしをどう評価してきたのだろうか。またその暮らしにはどのくらい愛着をもっていたのだろうか。

川辺川ダム建設計画が発表されて間もない昭和四十三年（一九六八）の『山村振興県調査報告書　熊本県五木村』（昭和四十三年七月一日現在）によれば、今後発展すると思うもの三七・五％、悪くなると思うもの一八・三％、永住したいと思うもの五三・七％、したくないもの一五・〇％となっている。その一〇年後の昭和五十三年に行われた『第二期山村振興計画基礎調査報告書　熊本県五木村』（昭和五十三年七月）によれば、今後発展すると思うもの三〇・二％、悪くなると思うもの三〇・三％、山村は住みやすいと思うもの一四・〇％、住みにくいと思うもの三九・五％、と数字が変化している。この一〇年の間に五木村の暮らしや将来について悲観的な見方が広がっている。その一方で、五木村が今後発展するとの回答のうち、森林や土地、水などの資源に恵まれているとする答えが四十三年調査で八四・七％、五十三年調査で七六・九％を占め、自然資源の豊富さを五木村の特性と考える住民が多いことを示している。だが、五十三年の調査で問われた工場誘致の是非についても七九・一％の住民が賛成と答えている。

山を生かす道

山の豊かな自然を生かした仕事を創出して暮らしを築こうとした佐藤忠氏の生き方ではなく、外部から工場を招いて就業機会を増やしサラリーマンになることを望む生き方が次第に広がってきたことが窺えると言ってよいだろうか。そこには山地ゆえに抱かれた後進意識や、医療をはじめとする日常生活上の欠乏感などもおそらくは作用していると思われる。だからこそ、山のむららしさを損なわずに自律的な暮らしの設計が可能になる道を模索することが大切になるように思われる。ダムという形の国家事業ではなく、その自立を応援するような政治の配慮が山のむらには求められるのではないだろうか。

川辺川ダム建設計画に伴い実施された学術調査の報告『五木村学術調査』（人文編、一九八七年）において、佐藤忠村長時代に助役をつとめ、その後は五木村をはじめ南九州の民俗や歴史の研究に情熱を捧げられた故佐藤光昭氏は、五木村の林政史を語った後に「五木村の山林は基本的には生活の場」であり、また「山を如何に利用するかは、山村民が背負わねばならない重要な命題である」と述べて、山の生産を植林だけに限らず幅広く展開する必要を説いている。いまにして思えば、これは五木村に残された佐藤光昭氏の遺言状のような趣さえ感じられる。食料を自給する一方、木材を活用しつつ茶・椎茸・楮・三椏などの山の産物を商品化して自律的生活を打ち立てようとするその実践の試みは、すでに佐藤忠氏の「農業日誌」の中に展開されていたのであった。その姿勢から何を読み取り学ぶかは、現在の五木村民の課題になるであろうし、また広く山のむらに共通する課題にもなるのではないだろうか。

山の時空

山の自然と山ノ神

山の空間

ヤマとサト

林宏著『吉野の民俗誌』（一九八〇年）は、吉野の山の暮らしを描いて胸に迫るものがある。民俗を丹念に書き綴るという作業の集積が放つ素朴な力に打たれる思いがする。民俗が内包する力の放散と言ってよいのかもしれない。しかしそれだけでなく、本書が魅力的に見えるのは著者の目の位置にあるのだろう。これはもちろん吉野の山村民俗誌ではあるが、ただ民俗を記すだけにとどまらず、その山村の現実をどう見るか、著者の姿勢は凛として、目差しは温かい。

最終の文章「奥吉野追想」で、過疎化の進行を嘆く老人の言葉をこんなふうに引く。

昔や春になると青々と粟や黍の芽が育ち、秋になると畑は黄金色に染まって、それを見るのがほんとうに楽しかった。ところがこのごろでは村を棄てて行く人が畑に植えた杉檜の苗が年ごとに大きくなって、サトがだんだんヤマになっていく。こんな様子を見とったらサブシュウテサブシュウテ居たたまらん気持になる。

そうして林は、「サブシイ」というのは淋しさの極致を表現する形容詞であると、この言葉を受けつつ、この言葉の背後に「ヒャクショウ」を続けようと思っても出来なくなるという村の変化に対する嘆きを読み取っている。

この「サトがだんだんヤマになっていく」という言葉を、伊藤廣之は、それまでの居住域が離村世帯の増加によりしだいに山林に覆われていく状態だけを言うのではなく、その背景にそれまで人の領域であったところが自然の支配する領域へと移り変ってしまうことの寂しさが込められていると読むべきだと述べる。そして「人の力が及ぶ空間」としてのサトと「人の力が及ばない自然の支配する空間」としてのヤマという空間認識を摘出している。至当な理解だと思う（「山の世界」『民俗学を学ぶ人のために』所収、一九八九年）。

山のむらの歴史を山村史と仮に表現してみれば、山村史とは言い換えれば、山の自然と人の暮らしのシーソーゲーム史という側面をもっていた。自然に手を入れ、サト化する、そしてまたヤマに戻る、そうした人と自然の間で打ち寄せ合う波の満ち干きが山村史を産み出してきたと言ってよい。今日の過疎化した山村風景は、人の波の退潮が作り出した風景だと言える。

ヤマの原感覚

赤嶺政信は、沖縄県の『宜野座村誌《ぎのざそん》』(「社会生活」一九八九年)において、私生児をヤマダニ(山種)と呼ぶと報告している。宜野座村では男性と女性の生殖行為を、苗代(ナーシル)である女性に男がサニ(種・胤)を播く行為と同じと考えており、したがって正式な婚姻関係を経ずに生まれたり父親が不明である子どもを「男はサニ」という表現を応用してヤマダニと呼ぶのだという。つまり、ヤマダニのヤマとは、出自不明とか、非正統といった意味を付与されていることになる。

沖縄の西表《いりおもて》島に関する研究を長年にわたり継続している安渓遊地によれば、西表島西部では、ヤマは元来ほぼ藪に相当する概念だというが、人間がいったん住んだ屋敷跡などに木が繁茂している状態をヤマナーリ、すなわちヤマになったと表現すると述べている(「西表島における生活と自然に関する総合的研究」『季刊環境研究』七五号、一九八九年)。

この二つのヤマの用例は、ヤマが人間の作り出した秩序から外れた世界や状態をさす語として用いられていることを示している。いわば整えられた状態(文化)に対する野生の意味に等しくなる。どちらも沖縄地方における事例ではあるが、ヤマという語の意味を知るうえで参考になるだろう。

たとえば、ヤマが死者の行き場、あるいは死者の葬送とかかわってしばしば登場することは、葬送関係の用語に注目してみれば明らかである。その場合は、生（文化）に対する死（自然・野生）という対比として捉えられ、さきの沖縄地方における用例と通ずることになるだろう。

異界としてのヤマ

一般に、ヤマは地形的な高まりや、森林の見られる地帯をさす言葉として受け取られる（千葉徳爾「山の生活」『日本通史　第一巻』所収、一九九三年）が、それだけでなく、上記の通り自然状態（野生）をもさすべく用いられてきた。だからヤマは、人間にとって恐ろしい空間を意味し、その恐ろしさがさまざまな怪異現象を発生させてきた。と同時に、ヤマは人間の力を超えた存在が棲むところと見なされてきた。すなわち人々が日常生活を営む世界とは異質な場所であり、それゆえそれにふさわしい行動を求める規範や作法が生み出されてきた。

木材の伐採などのように、ある目的をもって山に入って仕事をしようとする場合、まず初めに山ノ神に供え物をし、仕事の無事を祈る。これを山入りというが、山入りは年頭に当たり一年間の山仕事の無事を祈る行事をさす所もある。いずれも山にかかわる始まりの時点が選ばれた山への挨拶という意味をもつ。これが今日なお引き継がれ行われているのは、たんに儀礼だからというのではなく、せずには治まらない気持ちが当事者に抱かれてきたためである。そこに、山に向かい合う人々の心情がうかがわれもするが、そうした心理がはたらく理由について、民俗学は従来、山は日常生活とは隔たりのある異界だからと説明してきた。

たとえば、猟師や杣《そま》たちの間に用いられてきた山言葉や、山中において行われてきた種々の儀礼が、それを裏付けるものとして認められてきた。夜間に突然に木を伐り倒すような怪音が聞こえたり、一瞬昼間のような明るさになったなどの不思議な現象が発生したと各地に伝えられ、通常では信じられないような出来事が起こる、そのような場所として山はあるとみなされてきた。

各地に発生したそうした現象の一つひとつを拾い、寄せ集めてみれば、そのような解釈はもっともだと思わせるところが確かにある。千葉徳爾はこれを山中異界観念と呼び、山の民俗の中核的特色とみた（「山村の生態」『日本民俗学講座　第一巻』所収、一九七六年）。たとえば、山言葉は里の日常生活を山中に持ち込むことを山の精霊たちが嫌ったからだと説明するが（『狩猟伝承研究』一九六九年）、仮にそうだとしても、そうした観念がなぜ、どのように成立したのかという問題は問いとして依然残るだろう。それはどのように考えられるだろうか。

山に棲むモノ

山で仕事をすることは、山の自然に何らか手をかけることであり、自然の領域へ人間が踏み込むことであった。そうした意識は、山で働く人々の間に強く自覚されてきた。山中には山の領域を支配するモノが棲み、また目に見えないさまざまなモノが跳梁すると考えてきたことが、その何よりの証拠である。

熊本県八代《やつしろ》市に伝えられてきたガゴの木の由来は、そうした人間と自然との交渉過程を物語る興味深い事例である。ある老人が山拓きをした後で腰が痛むので祈禱師《きとうし》にみてもらうと、山拓きによって住まいを失ったガゴの祟りだと告げられる。そこで重い足を引きずり山へ行き、「俺が俺の山を拓いたのに祟りをするとは何事か」と大きな声で叫んだ。するとガゴたちは「それは悪かった。しかし俺たちはお前が山拓（開）きをしたので住まいがなくなって困っている。どこか安心して棲める場所を与えてくれ」と頼んできた。そこで、「上の林に棲んだらどうか」と言うと、「そこに棲んでいてもいつお前の息子が拓いてしまうかもしれぬ」との返事なので、さらに「川のほとりの木の根元に棲んだらよかろう」と言い、「但し子どもがその木で遊んでもいたずらをするな」と約束を交わした。す

図42　山ノ神祠　鉾が多数納められている
（熊本県泉村久連子．1994年11月）

ると間もなく、老人の膝の痛みは去り、その木の下で遊ぶ子どもたちはこの木をガゴの木と呼ぶようになった、という（丸山学『熊本県民俗誌　山村篇』一九五四年）。

熊本県南部の山地地方にはガゴと同じようなヤマワロが棲むと伝える所が多い。ヤマワロに無断で山の木を伐ったために斧を隠されたが、詫びを入れると元の場所から発見されたという経験談や、木を倒したり石を転がすときには必ずヤマワロに聞こえるように大きな声でそのことを叫ばなければならないなどの約束事が伝えられてきた。また、熊本県八代郡東陽村では、焼畑の火入れ時に山火事を起こさぬように、女竹で作った筒三つに御神酒《おみき》を入れたカケゴを予め外まわりに下げてヤマワロによく頼んでから火を入れるものであったという（同前）。
これらの伝承を紹介した丸山学は、ヤマワロが生業に励む人々の援助者であること、山ノ神の代行者として山を守っていくことがヤマワロの本来の仕事であるらしいこと、山の秩序がヤマワロの活動によって保たれていることなどを指摘している（同前）。山の秩序とは、山の自然と人間活動との調和が図られた状態と読み換えてもよいだろうが、山に棲むモノを山ノ神と表現する地方も少なくない。

福島県南会津郡下郷町《しもごうまち》白岩では、二月十二日は山ノ神が山の木を数える日でキゾロイといい、この日に山に入ると木に数え込まれるので山仕事を休むことになっていた。会津に近い山形県小国町《おぐにまち》でも二月十二日や十七日が山ノ神の木を数える日だという（柳田国男編『山村生活の研究』一九三七年）。同様の伝承は各地に存在したが、奈良県吉野郡西吉野村では正月と十二月の七日は山ノ神が減った木の数を数える日だと言っていた（同前）。いずれにしても、山ノ神が山の木を所有するものとみなす考え方の存在を示していると言ってよい。裏返せば、山の自然は人間の自由にはならないと考えられてきたことになる。

これが一段進むと、次のような禁忌伝承となって現われる。石川県珠洲《すず》市若山では、二月十一日に山ノ神が山に種や苗を蒔くので山へ行かぬ、行くと怪我をすると言われていた。

しかしこの日に猟に行った鉄砲打ちは獲物めがけて撃ったはずの弾丸が戻ってきて自分に命中して死んだという話が伝わり、香川県三豊《みとよ》郡大野原町五郷では、山ノ神には持《もち》があり、柴の一枝をとっても歯がうずくなどの咎があるという（同前）。これらは、山ノ神の所有物を約束事を破ってまで手に入れようとしたり、むやみに山に手を出せば祟りや罰が下ると考えられていたことを示す事例である。そこから山の自然界に人間が立ち入ろうとするならば許しを得なければならないとする発想が生まれる。

山を借りる

熊本県八代市日奈久《ひなぐ》では、山の中に泊まる時には石を投げて、これだけの土地を貸してくれとヤマンモンに頼んでから泊まると無事だとされていたという（前出『熊本県民俗誌　山村篇』）が、これは山で野宿するときには山ノ神から借りる地面の周囲に榊のような花の咲かぬ木を挿すという大隅半島におけるシバサシの作法と共通する（前出『山村生活の研究』）。

奈良県吉野郡天川村では、土地を拓くときには一年前に拓こうとする土地の四隅に杭を立てて笹などをくくりつけ、山ノ神からもらっておくものとされた。そうすれば誰もこの土地に手をつける者もなかったという（『宮本常一著作集　第三四巻　吉野西奥民俗採訪録』一九八九年）。これは一種の占有標示とも言えるが、大分県玖珠《くす》郡玖珠町万年で土地モラ

図43　山ノ神に幣を捧げて猪猟の報告をする
（宮崎県椎葉村尾前．1984年12月）

イ・木モライをやらぬとトガ人・ケガ人ができると言った（前出『山村生活の研究』）のと同じく、山を借りる作法の一つであった。

倉田一郎は、椎葉山その他において新たに焼畑の木下ろし作業を始める際に、山ノ神とミサキ殿（烏）を祭る作法があり、山を焼くからということを声を大きくして断ることがあるが、これも一種の地貰いだと言い、こうしてもなお凶変があればその山は山ノ神が許しを与えなかった上げ山とみなし、何らかの徴をつけて触れることを避けたと述べている（「経済と民間伝承」『日本民俗文化資料集成　第一六巻　農山漁民文化と民俗語』所収、一九九五年）。そうした徴づけがなぜ必要であったのか。これを倉田が言うように土地神有観念の存在で説明するとしても、なぜ神有観念が発生するのかがさらに問われねばならないだろう。

これに適切な解答を与えるのは簡単ではないが、本書冒頭でふれたヤシナイオリなどのような山の自然物採取の慣行、すなわち自然採取を制限しようとする山の暮らしの思考が関与していることは間違いないだろう。山の自然が尽きることはすなわち山の暮らしの命運が尽きるときであったから、自然そのものが暮らしを律する根源に据えられても不思議はない。それを山ノ神と表現したものであったと思われる。それは山の日常生活においてはあまり踏み込む機会がない奥山を一種の異界と捉える思考とも通底している。山の自然を山ノ神とも見るとはいったいどのような思考をさしているのだろうか。

次に周防《すおう》の山中に展開する年祭と呼ぶ祭祀行事を検討し、さらにこの問題を追究してみたい。

周防地方の年祭

年祭（ねんさい）とは

山口県周防地方の山間地帯には、年祭と呼ばれる祭祀儀礼が伝えられている。その特徴は、第一に、七年あるいは数年に一度というように周期的に執行されること、第二に、山ノ神に関する祭祀儀礼だと見られる点に求められる。その分布地域は、山代地方と呼ばれた玖珂《くが》郡北部（美和町・本郷村・錦町・美川町）と都濃《つの》郡鹿野町に集中しているが、さらに周辺の岩国市や玖珂郡由宇町などにも類似の祭りが存在する。また周期的山ノ神祭祀と見れば、すでに著名な下関市蓋井島の山ノ神神事も同様の祭りとして位置付けられる。

しかし年祭という呼称が用いられるのは周防部に限られる。しかもこれは一般の人々が用いる呼称であり、実際に祭りを司祭する神職者は通例、山鎮祭《やまじめ》とか山巻と呼んでいる。また祭祀対象についても、所によっては山ノ神とは言わず、ミサキや疫神を祀ると伝えるように、必ずしも一定しない。たとえば、錦町の広瀬八幡宮の七年祭山巻は、次のような由来を伝えている。

天正十九年（一五九一）の頃に各村の人々の間に奇怪な病気が広がり困り苦しんだことがあった。農作は一夜のうちに燃上り、人々は不思議に思い、各村の庄屋たちが本郷へ集まり顔を合わせて協議をした結果、占いによりこの理由を判断することにし、早速に占ってみれば、悪鬼の祟りと出た。この悪鬼とは俗にミサキという亡霊であり、人々が集会し協議した末に、これから神社において七年毎に大祭を執行し神慮を慰めるために氏子各戸より五穀初穂を供えることにし、別に祭場を設けて人別幣（氏子の祓串のこと）を置いてこれを一同に持たせて社人が祓いを修し、その祓串を取り集めて神社の森木に巻き付けて修祓したのがこの祭祀の始まりである。後にその祭場において十二の舞を舞うことが始まったと伝えられている。この山巻きの式を氏子は悪魔祓いともミサキ鎮めともいうようになった。（広瀬八幡宮に伝わる記録を現代文に改めた）

このような人々を悩ませる山中の霊威を祀り上げて平穏な暮らしを願ったことに由来す

る祭りは、山口県下では阿武郡川上村の的祭りをはじめ少なくない。年祭もそうした祭祀行事の範疇に含み込まれるものだろうが、その祀られる対象が同時に山ノ神とも観念されている点に特色があり、恐ろしい性格をもつ原初的な山ノ神祭祀の姿を伝える祭りであると考えられる。

次に、錦町の佐古集落と本郷村の本郷八幡宮において、いずれも昭和六十年（一九八五）秋に行われた年祭の様子を具体的に紹介してみたい。

佐古の神社と祭日

佐古は錦町須川地区の宇佐川沿いにあり、下須川の対岸に開けた一四戸からなる小集落である。年祭は丑年と未年の七年目ごとに行われ、昭和六十年（一九八五）には九月十四・十五日の両日にかけて、集落のもっとも高みにある恵美須神社において、その例祭と併せて行われた。恵美須神社にはエビスのほか、大歳社・人丸社・祇園社・大黒社が併祀されているというが、『防長風土注進案』（第三巻奥山代宰判、一九六二年）の佐古の項には「刀禰給大歳社」「沖津恵美須社」のほか、「山祇社」などの社名が見えている。

ところで、この九月十四・十五日という祭日は古くから固定されていたわけではない。佐古集落に伝わる「山神祭記録」によれば、過去の祭日は、十一月十九日（昭和二十四年）、十一月二十日（昭和三十年）、十一月十九日（昭和三十六年）、十一月十八・十九日（昭和四十二年）、十一月二十四・二十五日（昭和四十八年）、九月十四・十五日（昭和五十四年）となっており、十一月二十日前後に行われていたものが昭和五十四年の祭りから九月に変更されたことがわかる。

この九月十五日という祭日については、ホージョーヤマツリといい、大歳神社の祭りだと言う住民もある。「ホージョーヤマツリはチンともカンともいわない」、つまり穀物も野菜もできていない時期に行われるので、寂しい祭りだと解説されている。

『防長風土注進案』（同前）によれば、山祇社の祭日は十一月申ノ日、同じく大歳社は九月十九日、恵美須社は九月無定日となっているから、山ノ神の祭り日に執行されていたものが、大歳社もしくは恵美須社の祭りに引寄せられてきたことが窺われる。すなわち、もとは山神祭として執行されてきたものが、集落の氏神祭りと併せて行われるように変わったのである。ともかく昭和六十年には十四・十五日に行われたのであるが、ただし山巻きに用いる藁蛇はその一週間前の九月七日につくられた。

年祭の次第

十四日の早朝から各戸男女一人ずつが出て祭りの準備をする。男は注連縄作り・買い出しなど、女は炊事にと分れて仕事に精を出す。佐古はふだんは一三戸だが、祭りのときには岩国市在住の一戸が帰って来て加わるので本来の一四戸に戻る。

八時三〇分頃に神主さんが到着し、御幣を切り始める。神主さんは、現在では、島根県六日市町の松本氏を招いている。以前は本郷村の西村清巳氏（故人）に頼んでいたが、昭和四十九年（一九七四）に松本氏の父親を招いてから現在のようになった。御幣は、昭和二十四年の「山神祭記録」を参照し、数や長さを確かめながら作る。その記録に記載された幣串の種類と数は、次のとおりである。

・七尺五寸　三本　・三尺三寸　二十七本　・二尺五寸　六本　・一尺八寸　二十七本　・一尺二寸　二十七本　・山神一尺五寸　一本　・大榊　一本

・奉幣　一本　・五色　各一色宛　五本

そうして一一時頃には、男性三人が御幣をととのえる神主さんを応援する一方で、二人の男性が注連縄をなって、準備も本調子になり、女の人はみんな炊事に精を出している。

一一時過ぎには神殿の掃除をすませ、その前に台を置き、いちばん奥に御神酒を供える。次いでその手前にスルメ・寒天・イリコ・昆布・菓子・ごぼう・大根・キュウリ・梨・ねぎ・人参といった海菜・山菜を、さらにその手前に鉢に盛った白米を五鉢並べ、さらにその手前に向かって右側から、ソギ餅・大豆（一鉢）・ソバ（一鉢）・キビ（一鉢、本来はアワを供えるのだが、アワが現在手にはいらないのでキビで代用している）を供える。ソギ餅は長さ二二センチ前後、幅六～七センチに檜の小丸太を割った板二枚で餅二つ（以前は三つであった）を挟んで紐でくくったもので、この祭りのときだけに作る。

同じく昭和二十四年の「山神祭記録」に記載された餅などの供物は次のような内容である。

・山神　三掛　・御棚　三掛　・八王子　八掛　・山巻　七十七掛　・そぎ御供　二十七掛　・村社、末社、大歳　三掛　・撒餅　百二十掛　・粟、散米七合七勺　・ソバ　一升　・大豆　一升　・味噌　・生大根

こうして準備を進めて昼食をとった後、一五時頃から祭典が始まる。

祭壇は、前記の供物等に加えて、次のように飾られている。神殿正面に棚が吊られ、いく種類もの餅が入ったモロブタが載る。また供物のソバの前あたりに水桶を置く。向かって右側にはとぐろを巻かせた蛇を置き、そのまわりにさまざまな御幣を同種類のものをくくってまとめて置く（左側に背の低いものを置き、右側に行くに従い背の高い御幣となる。左側から数えて三番目は二尺五寸の御幣で、これだけは幣串に半紙を巻いてある）。向かって左側には太鼓を置き、棚の左脇には長い御幣（七尺五寸長、山ノ神の幣という）を三本立てかけ

る。

祭壇の前には関係者が着座するが、最前列の向かって右側に自治会長が、左側に神主が席を占め、以下適当に座る。男性が多いが、手のすいた女性も一部入っている。一五時過ぎから型どおりの祭祀が神主により営まれ、自治会長らの玉串奉典を最後に二〇分ほどの祭典は終了した。

翌十五日は、朝九時五〇分に神主が太鼓を打ち、これを合図にして祭典が始まった。昨日とは異なり、神前のほか、蛇とこれを巻きつける杉の神木を清めたが、そのほかは昨日と同様に祝詞奏上と玉串奉典があり、祭りはひとまず終えた。

この後、宇佐川のやや上流に鎮座する大歳神社と恵美須社上方にある愛宕社に新しい御幣と注連縄をもって供えに出かける。それが終えていよいよ山巻きに移る。

山巻き　一一時二五分頃から、まず神前に据えられていた蛇と御幣・薦を運び出して神木の杉木にこれらを巻く。注連縄を張り巡らして杉木を四方から取り囲んでいた四本の篠竹を取り払い、はじめに背の高い幣串を杉木に立てかけ、次いでさまざまな御幣を薦で巻く。その上から男たちが蛇を巻いていくが、そのとき一同は「山ノ神の、山ノ神の」と声を揃えて掛ける。この蛇はオキナサンと呼ばれ、藁で作られた径約二

図44　男たちが杉木に藁蛇を巻く（山口県錦町佐古．1985年９月）

図45　巻かれた藁蛇と供え物
（山口県錦町佐古．1985年９月）

○センチ、長さ約一二・五メートルという大きなものである。口には赤い布で舌が付けられており、神木に三回り半に巻き付け、その頭は集落に向けるものとされている。

蛇を巻き終えると、長老格の男性一人が出て、山盛りのご飯を生大根と、生味噌を添えて蛇に食べさせる。その両脇に男性がそれぞれついて口を開けさせる。このとき、次のような唱え言があり、人々はそれを聞いて声をあげて笑う。

オキナサン　オキナサン　お主ゃーなんと大飯食らいじゃのー
生味噌　生大根をおかずに　三斗三升三合入りのお飯を
三口半にお食やーるげなが　なんと大飯食らいじゃのー
オキナサン　オキナサン　飯を三口半にやるけー　食やれよ
金の糞を佐古部落にたれひってくれにゃー

この後、神木の前に広げた薦の上に、向かって右から順にソバ・キビ・ダイズの入った鉢を並べ、その前に同様に右から順に、米（一個）・酒（二個）・米（一個）が入った容器を並べ、さらにその前に餅（これは山ノ神の餅といい、三掛けで、人々はこれをオマモリという）を置く。最前列には清め用の水桶と、玉串奉典用の玉串が置かれた。そして神主が進み出て祝詞《のりと》を奏上し終わると、男性と女性の代表一人ずつが順に玉串を捧げる。

その直後、男性五人ほどがささっと祭壇に近寄って供物のうちソバ・キビ・ダイズを摑んでその前（神木の前）に撒く。そうしてまたたく間に供物をはじめ祭壇はきれいに片付けられ、杉の神木に巻かれた蛇だけが取り残されたようになって終える。

この後、昼食を兼ねた直会となり、一足早い秋の気配を感じさせる好天に恵まれ、のびやかに営まれた祭りは晴れやかに終えようとした。祭りをなし遂げた喜びの酒が進むうちに歌も出て、夕暮れ近くまで社の宴はにぎわいを見せた。

本郷八幡宮の年祭

佐古の年祭が戸数一四戸と少なく区民総出の祭りであったのに対して、旧郷社にあたる社格の大きな神社である本郷八幡宮の年祭は、神官と総代の人たちを中心に、十月十四日から十六日にかけて執行される例祭と並行して十四日と十六日に行われた。

さて、十四日は蛇や餅・供物などの準備をし、年祭棚と呼ぶ棚に蛇・御幣（空の大きな俵を立てその口にさまざまな長さの御幣を差し立てる）・餅・供物（供物は米・粟・きび・大豆・麦の五種の穀物を小俵に入れる）、五行を意味するという五色の御幣を供える。

十四日のお祭りは前夜祭と呼ばれる。この呼称は翌日に予定されている本祭に応じたものであり、前夜祭終了後に七年祭のお祭りが営まれ、神主が祝詞《のりと》をあげた後に米を一摑み

図46　年祭棚に据えられた藁蛇をつく天大将軍
（山口県本郷村．1985年10月）

摑んで占いをして終える。それから年祭時だけに舞われる山ノ神舞という神楽舞がある。この舞の前段では四人の舞子が弓と矢を手にして現われ、狩りをするようなしぐさを繰り返し、後段において天大将軍とよばれる舞手が出現し神がかったように暴れ、手にした長い棒で蛇などを載せた年祭棚を突っついて破壊する。すると藁蛇が天大将軍にからみつくこともあり、やがてはこの舞手に神がつき失神することもあるという。この時はそのような事態にはならなかったが、その一一日後の二十五日夜、同村の本谷河内神社で行われた年祭においてはこの夜と同じ舞手が天大将軍の舞を舞いつつ神がかる姿を見ることができた。

一日おいた十六日は、まず俵に挿し立てた御幣と供物を入れた三宝を神前に供えて七年祭の祭りをする。続いて山巻祭の祭りに移るが、ここでは祝詞奏上後に、神主が手に摑んだ米を投げ上げ、再び掌に受けた米の数によって占いをする。この結果は総代にだけ伝えられる。

この後、蛇を巻く行事に移るが、山巻祭の名称はここに由来する。総代たちが藁蛇や御幣・供物など祭りに用いたいっさいがっさいを境内隅に立つ椎の大木まで運び、この木に御幣などを薦で巻きつけた上から蛇を巻く。蛇の口には大きな餅をくわえさせ、酒を注ぎ、また一尺二寸長の小幣二五本を蛇の胴体部に突き刺す。神主はここでも祝詞をあげ米による占いをしたが、これは向こう七年間を占うものとされている。その後総代の代表が玉串を捧げてすべてが終了する。

年祭の意味

年祭が山ノ神を祀る祭りであることはすでにふれたが、とくに数年に一度行われる周期的祭祀である点に注目する必要がある。日本の山ノ神信仰は複雑多様な様相を見せているとおり、その形成過程は単純ではない。木材を伐採する杣や木挽きなどの林業者、木器をつくる木地屋、動物を狩る猟師、鉱山で働く山師、そして農民や漁民の間にもこの信仰が広く流布している事情は、そのことを物語っているが、さらにそれぞれの信仰内容が一様ではないことが、いっそうその複雑さを際立たせている。

これまで収集してきた年祭の事例からみて蓋然性《がいぜんせい》が高いと思われる推定は、年祭が焼畑農耕に付随する、あるいは焼畑農耕を基盤とする文化の産物ではないか、とみる考え方である。

焼畑はある所を切り拓いて火を入れ耕地化してから数年間耕作を続け、その後は放棄するという農地経営法をとるが、年祭が数年に一度行われるのは焼畑の更新時期に対応したものではないかという想像をかきたてる。たとえば、稲作が一年という時間のなかで完結する農耕形態であるのに対して、焼畑は数年を一区切りとする時間観念をもつ農耕だと言えるだろう。そうすると年祭は数年を一区切りとする時間観念に対応したお祭りだという点で焼畑と対応する祭りの形態を示すことが、まず指摘できるのではないだろうか。

また佐古の事例において、山巻きの最後に供物のソバ・アワ（キビで代用）・ダイズを撒くしぐさは、山ノ神を祀った後に行う焼畑農耕の播種を思わせる。加えてこれら三種の作物は焼畑農耕の基幹的作物であること、さらにソバ・アワ・ダイズという順が、広く認められる輪作方式の一型式と共通することも注目される。オキナサンにご飯を食べさせる際の唱え言にみられる、「金の糞を佐古部落にたれひってくれにゃー」ということばは、黄金色に輝く豊穣をもたらす願いを山ノ神にこめているとも考えられる。

佐古地区の事例で知られる唱え言は、蛇によって豊かな実りがもたらされることを期待しているようにみることができ、その意味では農耕にかかわる山ノ神がイメージされているると考えられるだろう。それが山地における農耕となれば、焼畑を想定するのが妥当であろう。佐古地区からほど近い所にある小山の美輪神社にも年祭が伝えられ、雄蛇《おんじゃ》と雌蛇《めんじゃ》二体の藁蛇を作り、いずれも木に巻きつけるが、蛇の尾が向いた方向に住む人々は蛇がする糞が肥になり豊作に恵まれると言われており、佐古でいう唱え言の内容を具体的に説明しているようで興味深い。しかし蛇の口が向いた方向に住む人々は蛇に食われてしまうというので、蛇を巻き付けるときには頭をどの方向に向けるかで争いが起こったという。

この点について、小山のある人は、山ノ神はとてもひどい神であるが、それゆえに向こう七年間の悪魔をはらう強大な力をもつのであり、これを祀ることにより家内安全を祈るのだと説明してくれたことがある。これは山ノ神が両義的な性格をもつことを指摘するものであるが、人間にとって災いをもたらすような力あるものを祀り上げ、その力を人間の側に引き寄せることにより平穏な暮らしの保証を求めようとした心が、この年祭の基底に流れているとみられる。

焼畑農耕は、山地の自然にときに激しく干渉してこれを利用し、その後は自然に復すべく干渉をさける。言うならば、山地の自然に対する干渉と非干渉とを繰り返しながら自然と人間とのバランスを維持するシステムの一つである。人間が自然界に足を踏みいれ手を出そうとしたときには、極度の精神的緊張を強いられたに違いない。とくにその自然が原生的であればあるほどにその緊張は大きかったはずであり、人間に対し変異をもたらす山中の霊威を祀ることなしには収まらなかったであろう。それをはじめから山ノ神と呼んだかどうかはともかく、さきに記したようなミサキや疫神をも含めて、山中の霊威と折り合いをつけながら山の暮らしを築いてきたと考えられる。そこに年祭の発生する基盤を求めてみることが、現在のところではもっとも理解しやすい推定である。

このことはしかし、たとえば山ノ神が人々に幸を与え守る一方、山中にあって順守すべきことがらに違反すれば激しく咎めだてをすることがあるように、二面性を備えていることとも通じている。だからそれは自然神のもつ特性と言って片付けてしまうことも、あるいはできるのかも知れない。

ところが年祭において注目しておきたいことは、蛇の内には正・負、両様の力が秘められていると見られるとはいえ、その蛇体は鎮められることである。すなわち年祭において

図47　木に巻かれた蛇
（本郷村本谷河内神社．1985年10月）

蛇を巻くことは、人々にもろもろの災厄を運びくる負の力を鎮めるという点にこそ力点が置かれているということである。豊作をもたらすという正の力は、負の力を鎮めることによってはじめて呼び起こされる構図になっている。言い換えれば、負の力を正の力に転換するメカニズムが年祭の中には埋め込まれていると見るべきだと思われる。それは災厄や不幸をもたらすミサキを鎮めて神に祀り上げるというのではなく、いわば徴づけられたケガレを祭りをバネにして人々に有利な性格に変換する装置と言ってもよい。

それが主に七年ごとになされていくのは、この負の力をもったミサキが常に不意に巡り来る状態にあるということ、言い換えれば、祭られるべき対象が循環する時間を生きる霊威だからである。それは一度神に祀り上げて後、定期的な祭祀を欠かさなければ常に鎮まっているという直線的時間に沿う性質を備えたものではなく、巡り巡りする時の流れのなかで不断に現われ、そのつど祭りを繰り返さねば収まらない性質をもつ霊威なのである。

したがって、この祭りを支えた文化的基盤は循環する時間観念をもつことを特徴とすると言ってよいだろう。その文化的基盤とは、具体的には焼畑農耕を想定するのが考えやすい。それは親から子への世代交代とほぼ同じサイクルで森の伐採と再生とを繰り返しながら続けられてきた、循環する時間を生きる仕事であるからである。だが仮にそうでないとしても、そのような時間観念はやはり一年という年（とし）の概念では捉えきれない、森と山によった暮らしの所産に違いないと考えられる。

山の生き方

観察と経験

山で生きることは山の自然と時にたたかい、時に適応することであった。そのためには山に生育する草木・動物、生起する天然現象等についてよく知り、知識として蓄えておく必要があった。狩をする者は山の地形や動物の習性などをよく心得ておくことが、狩猟活動の前提となった。足跡一つからその動物に関するさまざまな情報を得て、狩の戦法を組み立てることは猟師にとって必須のことがらである。

福島県南会津郡伊南村小塩の猟師から聞いたところでは、大型獣であるクマとカモシカの習性には次のような違いがあると言う。すなわち、クマは人に追われると上へ上へと逃げる。だから勢子が下から追い、射手が上で待ち受けるように狩場の人員配置をする。いっぽうカモシカは、人に追われれば沢めがけて下へと逃げる。逃げて走って胸がやけ、必ず水を求めるから沢へと進むのだという。そうして沢へ追い詰めれば、生け捕りさえできると言うのである。そうした動物の習性を観察し、それに応じた狩猟法を考え用意すること、これが山で生きる前提としてある。

秋田県の阿仁マタギに伝わるウサギ狩りのワラダ猟も、ウサギが鷹を恐れる習性を利用し、ワラダを投げることでその羽音に似た音を出してウサギをおじけづかせて捕獲する方法であるから、動物の習性に関する観察のうえに発達を遂げたものであろう。

そのような自然観察と自らの経験、さらには先達からの教えを踏まえて、山の動物や植物・気象・地形など、自然に関するさまざまな知識を体系化し、その知識をもとに人間の側の技を生み出してきた。それは人間の自然への適応と言ってよく、その適応の知恵こそが民俗として世代を超えて伝承されてきたものである。そしてその適応形態の中に、さきのゼンマイのヤシナイオリの行動や山ノ神の観念、さらには宮崎県椎葉村の猟師が伝えるサカメグリ（十日おきに入猟を見合せる方角を変えるという考え方）など、自然を損ねまいとする知恵も同様に盛り込まれてきたことが大きな特色になっている。

上述のような、山で生きるうえでの知恵を次世代に伝える原理として、山の異界視・異界観は生み出されてきたとみられる。すなわち山の自然に依存して暮らしているという事実、言い換えれば山に生かされているという現実を認識し、それを伝えることこそもっとも大切なことがらであったはずであり、それは自然を損ねないための具体的な知識と技能と行動を要求することになる。それをより現実的に、しかも確実に伝えていくために、かくあるべしと説くよりも、かくすべからずという禁忌の形を借りて教えていく道が選ばれた。

山ノ神の祭りの日には山へ入らないという伝承は各地で知られているが、これは山へ入ろうとする行動を強く規制する。山ノ神が木を数える、あるいは狩場に出る、あるいは山を巡るからという理由で入山を差し控える態度は、人間の自然に対するきわめて現実的な慎みとなる。

異界観の構造

そしてその禁忌の存在を誰もが納得できるかたちで統一的に説明する原理として、山ノ神は想定されたと考えられる。人知の及ばない存在としての山ノ神、山の自然領域を支配する山ノ神は、自然そのものと置換できる存在であり、その自然との折り合いなしには山の暮らしは存続不可能とする深い経験知が山に生きる哲学をつくり出したと言える。それが山の生き方であった。

県営ダム建設のためにいまは地図から消えた、新潟県朝日村の旧奥三面集落に生きた人々の暮らしに深く分け行った田口洋美は、「人間が山で生きていくには山を半分殺して丁度いい具合になるんだぜ」（『越後三面山人記』一九九二年）というむら人の言葉を引き出すことに成功した。その言葉を受けて田口は、奥三面の空間を奥山・里山・耕地・集落という四つに区分し、それぞれの空間における人間と自然との力関係を比較しつつ、「山に人が手を加えることで、あえて半分殺すことで恒久的利用を可能にする」（同前）と山の人々の自然に対する基本的姿勢を抽出した。そして山のむらの景観の中に人と自然とのパワーバランスがあり、歴史が秘められていることを見抜いたのである。この理解はひとり奥三面にとどまらず、多くの山のむらで確認できる点において、山の民俗がもつ神髄と言ってよい。

循環する時間

景観、すなわち空間に秘められた山に生きる人々の知恵の特性は以上のように捉えられるが、いっぽう時間から見れば、その基調には循環する時間が流れている点が特色となるだろう。焼畑農耕は従来、粗放的・原始的農耕と規定されてきた。しかしこれは、時間の質を問う立場からすれば、何十年という時間を一巡りとして循環し、その循環する時間のなかで森の植生が回復されていくのであるから、山の自然資源を保全し、掠奪しないという点においてまことに合理的な農耕だと言える。焼畑地としての伐採・開墾と、耕作、放棄、そして休閑を経て次の利用の時を迎えるときには人間の側は世代交代しており、一枚の焼畑の輪廻と人間の一生とが重なり合うという巧まざる一致は、山の自然と人の人生とが結びついてきた深い関係を想起させる。

こうした関係を底から支えているのは、焼畑用地自体の土の力である。焼畑地は土の力を高めるために森に戻りつつ時を蓄え、蓄えたその力により作物を育て、そしてその力の衰えに応じて休みに入り、再び次なる力が蓄えられる日を待つ。そして次代へと引き継がれる。そうした長い時間を見通した生活設計の確かさこそが、焼畑の思想の核心をなしてきたのである。

すでにふれた年祭（山鎮祭）は、その祭祀対象が毎年の期日を定めた定期的祭祀によっては鎮められることのない、長い周期をもって不断に巡り来る霊威である点において、焼畑がもつ時間観念と符合する。こうした山の周期的祭祀こそ、循環する時間観念に沿った山の祭りだと考えられ、山の生き方を象徴する祭りとみなされるものであろう。

ひるがえって、現代の日本社会を支配する時間は、循環する時間とは対蹠《たいしょ》的な直線的時間と見られる。モノを生み出し、使い、そして棄てるという一方向への流れが、この時代を支配している。それは生産と消費とが円環を結ぶことがない流れだと言ってよい。その流れを排し、消費過程が次の再生産のためのプロセスに組み込まれているような流れを作り出すことは、資源のリサイクル問題とも通じ合う現代的課題になる。焼畑とはそうした思想が具体化された一例ではないかと思うのだが、その思想の現代的蘇生が求められている。そうした課題にこたえうる内容が山の民俗には含まれていると言ってよい。その意味において、山の民俗の発掘にさらに力を注ぐべきであろうが、それだけにとどまらず、今日、山の民俗が次第に失われているということの意味を積極的に問うこともまた必要である。

生かされて生きる

「山に生かされた日々」が伝えるもの

新潟県朝日村奥三面《おくみおもて》に通い続けてその暮らしを映像に収めた民族文化映像研究所の姫田忠義は、秘境と言われてきた奥三面の人々とのつきあいを経て、次のように言う。

秘境

秘境という言葉には、何かそこがひどく特殊なところのようなひびきがある。またマタギの村という言葉にも、まるでそこの人が狩りだけでくらしているような、あるいは狩りだけでくらしていけるような錯覚を人に与えるひびきがあり、これまたものごとを特殊視し矮小化して物珍しがる心意がうかがえるのである。そしてそれらの心意の背景には、山でくらす人を見下し蔑視する傲慢さが隠されているようにわたしには

図48　古代踊り（熊本県泉村久連子．1994年11月）

思える。差別観につながる傲慢さがである。

そして、暮らしを記録した映画と書物に奥三面の集落名を入れたいと考え、むら人に相談したところ、「奥三面の奥という言葉はいらん。三面でいい」と言われ、他人から奥三面と呼ばれることに抵抗感があるらしいことに気づいた、と述べている（「山を捨てた日本人」『伝える』⑴所収、一九八五年）。

そのような抵抗感がいつから抱かれてきたか、はっきり分からないが、その思いは理解できるような気がする。これまで山のむらがどのように位置付けられ、どのように見られてきたか振り返って見れば、そう思うのは仕方ないように思える。だが、山に対するそのような見方はどのようにしてつくられてきたのだろうか。
たとえば、千葉徳爾は江戸期の肥後五箇庄（現・熊本県泉村五家荘）を記述した内容がおよそ現実離れしたものであることを引いて、当時の町に暮らす文人たちが山に対して偏見を抱いていた事実を摘出している（「山人と『世間』」『音と映像と文字による大系日本歴史と芸能　第八巻　修験と神楽』一九九〇年）。

映画「越後奥三面――山に生かされた日々――」

奥三面は、県営ダム建設のために昭和六十年（一九八五）に廃村になった。そのダム建設の是非をめぐっては姫田たちのグループ内でもさまざまな議論が戦わされ、ダム反対を主張して去って行ったスタッフもあったという。姫田自身も「ダム反対か、賛成か」と質され続けたと記している。姫田は、「そこに住む人の生活を破壊し抹殺するものには反対する」と言い、奥三面について「なしえたことはただそこにへたりつづけ、わたしたちの記録作業をつづけているだけだ」と述べ、さらにその作業を住民移住後も一〇年は続けると宣言していた（『伝える』(1)）。その言葉どおり、移住後の生活を追った「第二部　ふるさとは消えたか」も出来上がった。
映画と同時に「山に生かされた日々」という書籍も刊行されたが、県営ダムが作られるために集落のすべての家々が移転し、山のきびしさと豊かさを満身に受けて暮らしてきた人々の姿が永久に消えてしまいかねなかった時に、その暮らしぶりが映像と書籍に記録されたのはせめてもの幸いであった。

それにしても、「山に生かされた日々」とはなんとすばらしいタイトルであろうか。山に生きてきた人々の暮らしが結晶したような光る言葉だと感心する。また、そうした言葉の選択に驚きを覚える。そこには当然、人々の暮らしに注ぐ姫田らの視線の質が表わされているのだと思う。

たとえば、姫田は幼い時の思い出として、「ちんころまじない、ちんころまじない、痛いところからおおきなーれ、おおきなーれ」という言葉を紹介する。転んで傷ついて泣く子どもの痛いところにそう言いながら息を吹きかけ掌で撫でてもらった記憶を呼び起こして、「自分の生命力やエネルギーを相手に注ぐことによって、相手のそれを甦らせ、相手が自ら積極的に痛みを克服して立直るようにさせる、そういう意味あいをもっていたと思います」と言う（『子育ての民俗をたずねて』一九八三年）。

手のぬくもりと温かな息づかいに象徴される人と人との励まし合いは、一筋の光明となって人の歴史を貫いてきたのだと思える。姫田が、「私自身の実感からいえば、歴史というものは、いのちのつながりです」と書くのを読むとき、「痛いところからおおきなー　れ」という呪文のような響きは、まさに歴史の底から聞こえてくる生きる勇気を与える言葉に違いないと思える。

そうした認識は、アイヌやバスク人へ寄せる姫田の関心にもつらなっているのであろうし、ひいては少数者へ注ぐまなざしと親しみとも結びついているのだろうと思える。奥三面の映像記録作業も、そうした思いを抱えて少数者のありようをカメラを通して見つめ続けようとする行為と同様の営為として位置付けられるはずである。それが、奥三面における記録作業を経て、奥三面の奥の字がもつ重さを問わねばならなかったということは、やはり姫田の言うとおり、「山でくらす人を見下し蔑視する」視線が厳然として存在することになろう。そして山を「奥」にした正体もまたこの視線であったに違いない。だからこの視線成立の根元を洗い出すことが、より本質的な課題としてあるのだと思える。

まちの人の声—「山に生かされた日々」が伝えたもの

ところで、この「越後奥三面」の映画をまちの人たちはどのように見たのだろうか。ビデオ版付録の「鑑賞の手引き」に収められた感想からいくつか抜粋してみたい。

・地方公務員（女性）

一緒に連れて行った九歳の息子が、映画が終わって言ったことを、できるだけ正確にここに記します。「なんてまあ行事がいっぱいあるんだろう。まるで行事するために働くみたいだ。行事の用意には働くけど、行事ってやっぱり楽しいことなんだろうね」「雪が降って、積ってるのは困ることばかりだ。ひとりじゃ何も出来ないね」

・造園業（男性）

都会の人達の生活が、この山の人々にかぎらず農村・漁村の人達に支えられていることを知りました。

・無職（女性）

山の村の女性のよく働くこと、おばあさん・お嫁さん・兄弟・隣近所とみな力を合わせて働くこと、私たちが忘れていた生活が生き《ママ》づいていました。

・法律事務所勤務（性別不明）

私は越後の山奥、福島県に近い山の中の出なので、あの映画に出てくる生活は幼い頃の体験として残っています。（中略）私たちの村の奥の村は、近年廃村になり、村人は、知人・子どもを頼って出てゆき、離散しました。風の便りにきけば、みな、特にお年寄りは故郷が恋しく、村に帰りたいと言っているそうです。いくらテレビ見て、

図49　雪に覆われた小塩の集落（1974年3月）

何もしないでいい生活といっても、大豆タタキ・ヨモギ採り、みんな仕事の分担があり、それが生きがいなのであって、何もしないことは苦痛（オーバーにいえば死んでしまえ！と同じ）であり、ひどいしうちのわけです。肉体的には生きていても精神的に死んでしまいます。

いずれも山の生活に対して肯定的・同情的であるが、映画を見た人たちすべてがこのような感想をもったのかどうか、それは私には分からない。ただ、関係する大学の講義時にこの映画を見てもらったことは何度かある。次に、平成七年（一九九五）夏に鹿児島大学法文学部の学生諸君が書いてくれた感想のいくつかを紹介しておきたい。

・源右衛門さんの言葉、「山、山、山、オレには山しかねえなぁ」という言葉は印象的だった。彼が、都会と、山と住んでみて考えたあげく述べた言葉ではもちろんなくとも、これは真実の言葉であって、その意味で何と正しい言葉だろうと感動した。（女性）

・いちばん感じたのは人々がみな一年中仕事に追われているということです。彼らには休みがない。「時は人を待たず」というのが山でくらす人々にこそ言えると思います。（女性）

・いちばん強く思うことは、人の幸せの基準というものは決して第三者の立場では決められないということだ。山での生活は決して便利で楽な暮らしではないと思う。お金さえ払えばとくに苦労せずに生活に必要なほとんどの物は手に入る私たちの生活とは大違いである。しかし私は、映像を見ていくごとに、人々の生活が山と密接にかかわっているもので、人々の生活そのものが継承文化なのだということを強く感じた。熊をとる仕掛け、魚をとる仕掛け、茅の雪がこいの活用の仕方、そのすべてに昔からの人々の生きた証が受け継がれている。ダムのためにその生活を終わらせなくてはならないにもかかわらず、従来の生活を続ける人々。彼らは果たしてあの山、あの土地でなくて生きていけるのだろうか。同じ日本人で同じような時代に生きている人々なのに、まったく別の人たちのような感じもする。それは彼らの山に対する信仰であり、自分たちの生活している場に対する誇りが私をそんな気持ちにするのではないかと思う。（女性）

・命をかけ山に入り、学んでいく物事の一つ一つ、そして生きる上で仲間と助け合うことは彼らにとってまさしく財産である。もうすぐダムの底に沈むという村を彼らが離れたくないと思うのは、我々にとっては苛酷でしかない生活に彼らの生きがい、そして安易に捨て去ることのできない重いものが根付いているからなのだろう。（男性）

自らの暮らしと対比しながら山に生きてきた人々の暮らしの質を理解しようとする姿勢が目立つ。そこには蔑みや否定の言葉はない。しかし自らがその生活に入ることはないという前提があるようにも思われる。それは大学生という若者だからというのではない。現代の都市生活とは異なる山の暮らしに共感を示しつつも、自分とは遠い存在であるという思いは、多くの人々に共通して抱かれているようである。

山はいらないか

数年前、私が勤める大学の主催による公開講座で、山の暮らしについて語ったところ、受講者からこんな感想が寄せられた。

眺める山々は素晴らしい。たまに行く山里は素晴らしい。しかしそこで生活している人たちは現代社会の便利さをやっぱり求めているように思う。どこかでストップをかけないと……とは言いつつ、やっぱり私は町の暮らしの便利さの中にいる。

自然破壊・環境問題・生命倫理をはじめとして、今の暮らしが抱える不安や不安定さを危惧する思いは強い。そこから脱して、もっと安定的な安心できる暮らしを送りたい。そう願う人々は少なくない。だが現実には、不安を抱えながらも便利さの前には今の暮らしを手放すことができないというジレンマに悩んでいる。そういう思いが、こうした感想となって現われるのであろうと思う。

図50　三椏を蒸す
（山口県錦町道立野、1995年３月）

指摘されているように、山に暮らす人も都市的な便利な暮らしに対する憧れはあるし、それゆえ町へ出て行く人も少なくない。また山にも都市生活のもつ便利な暮らしが入り込み変容を遂げているのも事実である。そう思えば、山の生き方とはまもなく消えてゆく運命にあるようにも思える。もしそうなれば、山に生きる意味は乏しくなり、見失われ、やがて山に住む人はいなくなってしまうかもしれない。だが、はたしてそれでよいのだろうか。それを歴史の流れとして静観するか、その流れにあえて棹さすべきなのか、そこのところを考えねばならないだろう。

新しい生き方の選択

どうしたらよいのだろうか。気にして心を痛め考えようとする人ほど悩みが尽きないという今の時代が、いったいどういう時代であるのか、はっきりとつかむことが大切になるのではないだろうか。

今の時代は

その手がかりとして、「朝日新聞」の読者投書欄「声」から、人々の声を拾ってみよう。取り上げるのは平成八年（一九九六）六月二十七日（西部本社版）の声である。人々の声として読む時、この日の同欄はひときわ胸にささる投稿が多かった。紹介してみたい。

福岡市の井上伊磨子さん（主婦、七十五歳）は、数日前に掲載されたコラムを読んで「涙がハラハラとこぼれ落ちました」と書く。それは、日本平和学会理事で四国学院大学教員の横山正樹氏が若い頃訪ねたフィリピンのネグロス島のある家の主人が、遠来の客である同氏を迎えるために子供にコーラ一本を買いに走らせ振る舞ったが、その一本で一家は夕食抜きになったというエピソードである。井上さんは「何という優しい人たちであることか」と言い、いまの日本人は「本当の平和についてじっくりと考える前に、お金の問題や自己保身に走ることのみに追われ」、また山野は伐採され、鳥や獣たちは減少の一途を辿っており、「これで世の中はよくなっていくのでしょうか」と問いかけつつ、「自分でできるよき生き方を求めていきたい」と結んでいる。

その隣には、映画「デーヴ」を例に出しながら、「政治家諸氏は一段上の国会から国民を見下しているように思えてならない」と怒りを示す投稿が並んでいる（熊本県八代市、有馬鈴子さん、主婦、四十二歳）。政治への不信は今や抑えがたい状況にあるが、その陰で日々の生きがいをむしり取られている国民の思いには悲哀がつきまとう。

たとえば、熊本県菊池市の主婦、原保奈美さん（四十歳）は、「自分たちで作ったお米」への満足感や、「自分たちの食べるものは自分たちで収穫できるのだ、という姿勢を実行していきたい」という思いのゆえに続けてきた米作りを減反政策のために半分放棄して、「半分はほかの人のお米を買わなければならない」ことになったと言う。減反政策も理解できないではないが、「家庭を守る主婦として、一人の母親として考える時、やはり釈然としない思いが広がっていく」と不満を述べている。

続いて、「今の農村地帯は、どこへ行っても田畑の荒れが目立ち、さびしく感じます」と書き起こす、福島県の農業・大内ミツさん（六十歳）は、「我が家は極小規模酪農に水稲、私たちが野菜を取り入れて、家族一体となり力を合わせ、決して裕福とはいえないが、心の中は裕福に楽しく暮らしており」、夕方の搾乳時には孫も手伝い親子の会話もはずみ、農業ならではの光景と誇りに思いつつも、「中学二年の孫もやがて就職に悩む時が来るでしょう。田の減反や農作物の輸入自由化など、今の農業情勢では、強いて勧めることも出来ません。何の抵抗もなく家業を受け継いできた自分たちの時代が懐かしく思われ、今の家庭環境が崩れていくのをさびしく感じます」と語っている。

ここには、明らかに、いまの時代の理不尽さが女性の目を通して語られている。大きな転換の節目を生きているという感覚が共通する。しかし当たり前に暮らすことで幸福を求めようとする人々の願いを砕くように、世の中の仕組みは弱い者に皺寄せをもたらす、そんな気さえする。それが直接的な政治批判に終わらず、生き方の選択を侵しかねない事態として自覚されているところが、今の時代の無気味さを語るようでもある。

柳田国男が、「現代科学ということ」(『柳田国男全集　第二六巻』一九九〇年)において、日本がかくもあさましく戦争に敗れた理由としてあげた、群れから出た者がその群れの者を引きずり回すというお国ぶりは、半世紀を経てなお改まらないということだろうか。各地で計画が進められているダム建設問題はその端的な現われの一つであろう。

生かされて生きる

日本の各地へ精力的な民俗追求の旅を重ねている野本寛一は、青森県中津軽郡西目屋村の美山湖というダム湖に沈んだ砂子瀬の民俗誌である『砂子瀬物語』に寄せた解説文において、移転した人々が再度湖底に沈められるかもしれない今日の事態を前にして、落着いた調子ながらきびしく次のように記す(『日本民俗文化資料集成　第二巻　山の民俗誌』一九九一年)。

平地の都市文明は、こうして山びとの家と故郷を奪わなければ存立し得ないのであるが、平地の人びとは総じて山びとの心のうちにその心が及ばない。先史以来、山は人びとに実に多くの恵みをもたらしてきた。たしかに水もその一つではあったのだが、ダムは水源の山びとの主体性を越えるという点で異質性が強い。

「主体性を越える」という言葉は、山の民俗を知り尽くした野本にしてはじめて言いきることのできる重みをもつ。

五木村・相良村に建設が進む川辺川ダムにしても、その犠牲は大きい。しかもその必要性を疑う声が少なくないばかりか、受益者とされる農民や下流市民からも反対が唱えられている。そうした再検討を求める世論の高まりを受けて、建設省は全国で計画中のダム建設事業に関する見直し対象の一つに川辺川ダムを加えて、「川辺川ダム事業審議委員会」を平成七年（一九九五）九月に設置し検討を進めたが、同審議委員会は翌八年八月に事業継続を答申し、川辺川ダム建設はそのまま進められることになった。

もう二〇年近く昔に遡るが、いまは商店が一つ残るだけになった五木村の野々脇に住んでいた老女から、川辺川ダムのダムサイトができる相良村藤田にはガワッパが棲んでいたという話を聞いたことがあった。ガワッパは河童で、川ン太郎ともいい、春と秋に山に棲む山ン太郎と山の尾根筋を通って入れ替わると言われてきた。藤田のガワッパは道行く人を呼び止めては、「俺の頭には手をかけるな」と言い、人は「俺の尻には手をかけるな」と応じて相撲を取り合ったという。水の精であり、同時に山の精でもあったガワッパと人間が深く結びついたこの物語は、山と川とが溶け合うようなこの地の風景と暮らしから生み出されたに違いない。事実、人々は奥山から伐採した木材を川べりまで骨折って運び出し、そこからこの流れに乗せて下流に送り出してきた。また舟を浮かべ、簗《やな》を張り、網も

図51　水神に捧げられた茄子と胡瓜（熊本県五木村．1979年８月）

図52　横積みにされた移転した家々の墓石（五木村久領．1994年11月）

かけつつ川漁もこなしてきた。そしてその水はやがて流れ下り、時には洪水を呼んだものの里を潤し続けてきたのだから、川は山と里とを結び合わせる大切な回路になってきた。

　だから戦後ほどなく、電源開発株式会社が発表した下頭地ダム建設構想に対して五木村の人々が反対を表明し、全村民が連署した反対陳情書に「五木村全村民の死活問題」と明記したのは当然のことであった。それは自らが生かされてある山の世界の質を深く理解していたからにほかならない。それが現在、どのようないきさつがあろうとも、この村の住民がダム建設を容認しなければならない状況に立たされているということは、ガワッパと人間の物語を発生させた世界がもはや失われたことを示している。この世界の喪失はいったい何者によってもたらされたのか、そのことを真剣に問う必要が山と里双方にあるように思える。

　ダム問題一つにも示されるように、山と里は互いに深いきずなで結ばれなければ、ともに存立が危うくなる。その自明なことを、この地にダムを作ろうと発案した当事者はどう考えていたのだろうか。それを問うことはおくとしても、今日なお各地にダム建設を計画している人々や、これを受け入れ推進しようとしている人々は、少なくとも一度はそのことに思いを馳せる責任があるように思えるのだが、どうだろうか。ダム建設はかけがえのない山の世界を失う行為であることに違いはないし、ダムが建設されれば、あの清流は二度と返らない。返らないということは、山に生かされたこれまでの生き方が否定されるということでもあるからである。

生かされて生きるとは、与えられたものの中で知恵を働かせて生きるということであった。新潟県朝日村奥三面では大正期以降、ゼンマイが大きな現金収入源となり、むら人はゼンマイ小屋に一ヵ月ほども泊まり込んで競い合うようにゼンマイを採取した。だがそこにはさまざまなルールがあった。別の者が一旦取り始めた場所には入らない、翌年の種を残すためにオンナゼンマイ一株に二、三本を残す、などの採取上の心得が守られてきた。それは限りある資源を損ねず、しかもみなが等しく享受するための方法であり、それゆえ山に依って自分たちが生きていくための欠くことのできない知恵となってきた。それは民俗の知恵と言ってよく、その知恵を受け継ぎ、また伝えるという営みの繰り返しの上に山の暮らしは成り立ってきたのである。それは何も山の暮らしに止まらなかったとも言えるが、たとえば少しでも多くゼンマイを取りたいと望むような自らの内に生ずる欲望を捨てる気構えがあってはじめて、その生き方は成り立ってきたのである。だからその欲望が抑え切れないとするならば、生かされて生きるという民俗の知恵は意味を失う運命なのである。

今日が危機の時代であることを自覚し、そこからの脱却を望むならば、そうした生き方を実践することなしには将来の道は切り開かれないはずである。それは頭ではなく、体が求める生き方であるとも言えるだろうが、果たして二十一世紀はどういう生き方が選択されるのだろうか。

土呂久の教え

「とろく」と言うまろやかな響きをもつ山のむらをご存じだろうか。土呂久は宮崎県高千穂町の静かな山里である。優れた牛を産出するとその名を知られたこのむらの運命は、大正九年（一九二〇）に始まった亜砒《あひ》焼きによって一変した。それからヒ素を含んだ鉱石を焼く煙が土呂久を襲い続け、そして多くの慢性ヒ素中毒患者を生んだ事実が、半世紀を経た昭和四十六年（一九七一）に地元の小学校教諭により「発見」され、土呂久公害として世に知られることになった。

その責任の所在と補償をめぐりやがて法廷に持ち込まれた争いは、命あるうちの救済を求める患者の声もあり、平成二年（一九九〇）に最高裁で和解が成立した。被害者の置かれた状況の過酷さゆえに、公害を引き起こした原罪が金で免罪され続ける日本の現状には割り切れなさも残る。

図53　梨の花見で踊る
（宮崎県高千穂町土呂久．芥川仁氏撮影）

それだけに、公害を被害者の視点から記録する作業は重みをもつ。土呂久に生きる人々の姿を写し続ける芥川仁の写真は、この事件が照らし出した人間存在のかけがえのなさを提示して胸にこたえる（『土呂久―小さき天に抱かれた人々―』一九八三年、『輝く闇』一九九一年）。また、新聞記者としてこの事件に出会った後に記者を辞めて土呂久を記録し続ける川原一之は、土中の鉱物を奪い一時的に成立する「鉱」が、土が命をはぐくむ永遠の「農」を侵したのだと、この事件の本質を見抜く（『浄土むら土呂久』一九八八年、『土呂久羅漢』一九九四年）。

確かに、日本の近代化過程とは、この「鉱」の論理を貫き通す歩みであったに違いない。しかし、煙害を出して大分県の佐伯の町を逐われた亜砒焼きがなぜ土呂久へ進出したのか、また戦時中に煙害の惨状を訴えて出た鉱山監督局当局から、この非常時に山のむらの一つや二つつぶれてもお国が大事と一喝されたのはなぜだったのか。考えてみれば、山のむらを襲った近代化とは、差別のとげを隠し持っていたと言ってよい。

水俣病に長年かかわってきた原田正純は、「水俣病の小なる原因は有機水銀であり、中なる原因はチッソが廃液をたれ流したことであり、大なる原因は人を人としてあつかわなかったことにある」（『水俣が映す世界』一九八九年）と言う。その人を人として扱わない精神は、振り返れば、足尾鉱毒事件をはじめ日本に生起した公害事件のことごとくに底流し、高度成長に象徴される工業化社会を底から支えていたと言ってもよい。だが、公害を惹き起こした加害者も、そしてその被害者も、ともに同じ時代を生き抜いてきたことに違いはない。だから突き詰めて考えれば、加害者や被害者という関係を超えたところに、人間の暮らしや生き方を問い直すべき共通の課題が存在することを意識させられる。

私たちはいま、戦争と公害が続いた今世紀を超えて未来を展望するところに立つが、土呂久の患者たちが東京の被告企業に面会を求めてその門前に座り込んだテント村で都市の人々と出会い、そして生まれた温かい交流と支援の記憶を抱いて土呂久に戻ってくることができたような、人と人とがまっすぐに結び合いつつ生きる姿こそが、来世紀を築く上での大切な指針になってくれることを願わずにはいられない。

あとがき

『山の民俗誌』と銘打ったものの、いわゆる民俗誌の体裁とは違うと意外な思いをされた方もあるかもしれない。たしかに本書は、民俗学においてこれまで叙述されてきた民俗誌と比べれば、対象地域はまちまちであり、取り扱っている民俗の範囲も狭い。しかしながら、日々の暮らしの向上に向けて努力を積み重ねてきた営為のなかから産み出され、定型化し伝えられてきた生きる知恵を民俗だと捉えるならば、民俗誌とは人の生き方を誌したものにほかならない。そうした見方に立てば、書名に民俗誌と謳うことも納得してもらえるのではないかと思う。

思えば、二十世紀は自動車やコンピューターに代表されるような科学技術文明が普く行きわたり、人の暮らしに大きな変化をもたらした時代であった。その到達地点から見れば、山の暮らしは取り残されてしまったように素朴で、ときに貧相に見えることがあるかもしれない。しかしながら、いまの時代は生物種としてのヒト（人間）が生きていくことのできる暮らしのいわば臨界点を超えたのではないかと疑っているような私の目からすれば、山の暮らしは、人のいのちをどう捉えてそれをどう支え合ってきたか、また自然環境にどう対し、どう応じつつ暮らしの自律性を確保してきたか、さらにその自律性確保のために発揮されてきたリーダーシップはいかなるものか、そしてどのようにして人と人とが結びついて生きてきたのか、といった暮らしの原点とでも呼ぶべきことがらがとても分かりやすい形で息づいているように見える。本書にはその一端をふれたつもりでいる。

局地的に発生した公害事件の体験を経て、やがて地球環境の危機を憂えねばならなくなった今日までの歩みは、人々が自己の暮らしの足元を見つめ直す必要性を認識する過程でもあった。これからは、もう一度人間の暮らしの原点に立ち戻って考え直す必要があるのではないだろうか。その場合、山のむらが堅持してきた暮らしの原則に即して検討することは有効な方法の一つになるのではないかと思える。

その意味で、今日、山のむらは過疎化や高齢化が進んで苦境にあるように言われるが、山のむらが培ってきた生き方の哲学、生きるうえでの技能や知恵、それらを将来に備えて確実に伝えておかねばならないと思う。苦しい現実はあるものの、山に暮らす人々にもうひと踏ん張りを期待したい。と同時に、山のむらがまちの暮らしを後方から支えてきた歴史を踏まえて、山のむらが孤立せずに都市社会と手を携えて生きる方向性が見出せるような政治の実現も願いたい。

本書は、そうした考えを折にふれて新聞等に発表してきた文章を下敷に、これまで進めてきた調査研究の成果を適宜配置することで全体を構想し、新たに書き起こしたものである。しかし部分的には、既発表の拙文から引用した箇所もあることをお断りしておきたい。

本書が出来上がるまでには多くの方々にお世話になった。福島県伊南村小塩在住の馬場啓一氏には小塩に関する部分の原稿を読んでいただき、物故された老人のご遺族からお名前を掲げることのご了承をとっていただいた。また熊本県五木村の黒木求昭・愛子ご夫妻には資料収集に際し手厚いご援助をいただいた。同じく五木村の佐藤正忠氏からは貴重な資料をご提供いただくとともに、その内容につきご教示を賜わった。そうしたお骨折りとご厚情とに対し、心からの感謝を捧げたい。

山のむらの様子はまちに暮らす人々には分かりにくいのではないかという編集部の配慮により、本書には私が撮影した多くの写真を収めることができた。どれも撮影時のことが思い返され懐かしい感じもする。加えて、宮崎市在住の写真家芥川仁氏が撮り続けられている宮崎県高千穂町土呂久の写真を掲げて本書を締めくくることができたのは幸せであった。芥川氏のご厚意に心から感謝申し上げたい。

さらに扉には、私がいつも慰められ勇気を与えられている石牟礼道子氏の文章から一文を引くことができた。快くお許しくださった石牟礼氏のご配慮に感謝申し上げたい。

最後に、本書執筆をお勧めくださり、丹念な編集を進めてくださった吉川弘文館編集部の大岩由明・重田秀樹両氏には大変お世話になったことを謝し、お礼を申し上げる。

日本の山のむらはこれからどうなっていくのか、なお見続けていきたいと望んでいる。そして今後は、山のむらはどう歩んだらよいのかという点について考えをめぐらし、発言もできるようにしていきたいと思う。

一九九七年六月

墨絵のような山並みを望む
研究室の窓辺にて

湯川洋司

著者紹介
一九五二年、神奈川県生まれ
一九七五年、東京教育大学文学部史学科卒業
現在山口大学教授
主要著書
変容する山村―民俗再考―

歴史文化ライブラリー
23

山の民俗誌

一九九七年一〇月一日　第一刷発行

著　者　湯《ゆ》川《かわ》洋《よう》司《じ》

発行者　吉川圭三

発行所　株式会社吉川弘文館
東京都文京区本郷七丁目二番八号
郵便番号一一三
電話〇三―三八一三―九一五一〈代表〉
振替口座〇〇一〇〇―五―二四四

印刷＝平文社　製本＝ナショナル製本
装幀＝山崎　登（日本デザインセンター）

歴史文化ライブラリー

1996.10

刊行のことば

現今の日本および国際社会は、さまざまな面で大変動の時代を迎えておりますが、近づきつつある二十一世紀は人類史の到達点として、物質的な繁栄のみならず文化や自然・社会環境を謳歌できる平和な社会でなければなりません。しかしながら高度成長・技術革新にともなう急激な変貌は「自己本位な刹那主義」の風潮を生みだし、先人が築いてきた歴史や文化に学ぶ余裕もなく、いまだ明るい人類の将来が展望できていないようにも見えます。このような状況を踏まえ、よりよい二十一世紀社会を築くために、人類誕生から現在に至る「人類の遺産・教訓」としてのあらゆる分野の歴史と文化を「歴史文化ライブラリー」として刊行することといたしました。

小社は、安政四年(一八五七)の創業以来、一貫して歴史学を中心とした専門出版社として書籍を刊行しつづけてまいりました。その経験を生かし、学問成果にもとづいた本叢書を刊行し社会的要請に応えて行きたいと考えております。

現代は、マスメディアが発達した高度情報化社会といわれますが、私どもはあくまでも活字を主体とした出版こそ、ものの本質を考える基礎と信じ、本叢書をとおして社会に訴えてまいりたいと思います。これから生まれでる一冊一冊が、それぞれの読者を知的冒険の旅へと誘い、希望に満ちた人類の未来を構築する糧となれば幸いです。

吉川弘文館

〈オンデマンド版〉
山の民俗誌

歴史文化ライブラリー
23

2017年（平成29）10月1日　発行

著　者　湯《ゆ》川《かわ》洋《よう》司《じ》
発行者　吉川道郎
発行所　株式会社　吉川弘文館
〒113-0033　東京都文京区本郷7丁目2番8号
TEL　03-3813-9151〈代表〉
URL　http://www.yoshikawa-k.co.jp/

印刷・製本　大日本印刷株式会社
装　幀　清水良洋・宮崎萌美

湯川洋司（1952～2014）

ISBN978-4-642-75423-1